NOTES D'UN VOYAGEUR

2ᵉ SÉRIE PETIT IN-8ᵉ

NOTES

D'UN VOYAGEUR

MODERNE

PAR

BÉNÉDICT-HENRY RÉVOIL

LIMOGES

EUGÈNE ARDANT ET Cⁱᵉ, ÉDITEURS.

—

NOTES

D'UN VOYAGEUR

MODERNE

LA CLOCHE DES MORTS

Il est encore d'usage dans plusieurs pays de l'Europe, en Espagne et en Angleterre, voire même en Allemagne et en Autriche, que des gardes parcourent les rues, pendant la nuit, pour veiller à la sûreté des passants et prévenir, en cas d'incendie, ceux qui seraient en danger. Il est ordonné à ces gardes, afin de constater qu'ils ne s'endorment pas, de faire entendre, par intervalles, des cris prouvant qu'il remplissent leur tâche.

C'est pour cela qu'ils crient les heures, les

quarts, les demi-heures et les trois quarts, en ajoutant ces mots : « Il fait *beau*, ou *mauvais* temps, » suivant l'état de la température.

En France cet usage existait, comme partout ailleurs: il y avait, à Abbeville, un homme posté sur la tour de l'église de Saint-Wolfrand, qui sonnait de la trompe toutes les demi-heures, en se tournant successivement vers les quatre coins de la ville.

Jadis, dans la ville de Paris, un moine de la confrérie des pénitents ou à son défaut un bedeau, un sacritain ou quelque autre personne d'église, enveloppée d'une robe blanche sur laquelle étaient appliqués des dessins d'étoffe noire, représentant des ossements et des têtes de mort, parcourait les rues, pendant la nuit, en agitant une sonnette, et criant, de la voix la plus lamentable qu'il pouvait moduler:

> Réveillez-vous, gens qui dormez,
> Priez Dieu pour les trépassés !

Il était difficile que le sommeil le plus profond résistât aux appels de la cloche et au chant monotone et lugubre du clocheteur qui, pour se faire plus sûrement encore entendre des dormeurs, frappait quelquefois aux portes des maisons avec le bâton qu'il tenait de la main droite.

Éveillés en sursaut par cette funèbre invitation, les bourgeois se mettaient à genoux sur leur lit et murmuraient des prières pour le repos des morts.

Cet usage persista à Paris jusqu'au milieu du VIIe siècle, ainsi que le prouve un poéme de Saint-Amand, l'un des derniers membres de l'Académie française, dans lequel on trouve les vers suivants :

> Le clocheton des trépassés,
> Souvent, de rue en rue,
> De frayeur rend les cœurs glacés...
> Et mille chiens ayant la triste voix
> Lui répondent en longs abois, etc., etc.

Le poëte terminait en se fâchant contre cette coutume dont il demandait la suppression. Elle fut supprimée, en effet, au commencement du VIIIe siècle, à Paris, et en 89 dans toutes les villes de province.

Dans la Bohème, cet usage de prier Dieu pour les trépassés est non seulement pratiqué, mais il existe en outre, au cimetière de la ville, à Prague principalement, une maison qui a son but spécial, celui d'empêcher les inhumations prématurées qui pourraient livrer à la terre un corps que la vie n'aurait pas abandonné... autrement dit, qui serait en léthargie.

Au milieu du dernier asile destiné à contenir les cercueils des morts, s'élève une chapelle à côté de laquelle a été jointe une construction de forme basse, divisée en deux parties. Dans la première, à l'entrée, se trouve une logette avec poêle, table, chaises, bancs, tout ce qu'il faut pour un veilleur, et dans l'autre des tables en marbre, sur lesquelles sont posés un, deux, trois, quatre, dix cercueils au besoin, tous découverts, et au dessus desquels on a suspendu des cordons, de telle façon que, si une personne morte dans la journée ou la veille n'est pas complétement privée de vie, elle peut appeler et demander des secours pour être rendue à ses parents et amis.

Ces cordons, tirés même d'une main faible, font tressauter une sonnette dont le bruit réveillerait le veilleur, si endormi qu'il pût être, en admettant qu'il fût infidèle à sa consigne, qui est d'avoir toujours les yeux ouverts.

Dans la journée, la femme, les enfants de ce proposé funèbre, sont là pour le remplacer au besoin.

Les corps ne sont enlevés que quand la putréfaction vient prouver que la vie n'existe plus chez eux, et alors on procède aux inhumations. C'est là, il faut en convenir, un usage des plus louables, car on ne peut nier que dans tous les pays où l'on procède à un enterrement, avant d'avoir bien constaté la mort de celui ou de celle que l'on porte en terre, il y a quelquefois erreur, et ce fait ne se produisit-il qu'une fois sur mille, ce serait déjà trop.

L'histoire que nous allons raconter n'est pas un conte : elle a eu des témoins, il y a trois ans, dans cette ville de Prague dont nous parlions plus haut.

Tout le monde élégant, dans la cité qu'arrose la Moldau, — renommée par les îles verdoyantes, qui la couvrent, — connaissait la belle Fraulein d'Harnheim, dont le père, un richissime banquier, possédait le plus beau palais du quartier de la nouvelle ville.

Veuf depuis dix ans, le baron d'Harnheim avait consacré à sa fille Martha toute sa tendresse et tous ses soins. A peine sa femme avait-elle fermé les yeux, qu'il avait fait venir de Vienne une de ses parentes, peu fortunée, mais digne de la plus grande confiance, non seulement par sa sagesse et son expérience, mais

encore par sa bonté sans pareille, son instruc-
tion et la noblesse de ses manières.

Mme de Ratzaw — tel était son nom — avait
pris à cœur la tâche qui lui était dévolue ;
elle était devenue la seconde mère de la bien
chérie Martha d'Harnheim qui, du reste, méri-
tait, de toutes façons, d'être aimée. Dès sa plus
tendre enfance, la mignonne créature s'était
créé des affections dans sa famille et parmi
tous les serviteurs du logis. Jolie comme un
ange, charmante de caractère, enjouée, pieuse,
et cherchant à se rendre utile aux uns et aux
autres, on ne lui connaissait aucun défaut.
Bref, la fille de M. le baron d'Harnheim jouissait
de la faveur immense d'être le « lion » de Prague : son nom était dans toutes les bouches.

Lorsque son père la conduisit pour la première fois dans le monde, ce fut un cri général : la foule des jeunes gens à marier se prit
pour elle d'une admiration sans précédents.
Les femmes elle-mêmes, qui, d'ordinaire, sont
très jalouses des succès des autres, baissèrent
pavillon en cette occasion et cédèrent le pas à
Martha d'Harnheim. Du reste la jeune fille
avait encore une qualité dont nous n'avons
pas parlé, celle d'être exempte de vanité : elle
ne comprit même pas tout ce qui se passait
autour d'elle, et, sans fierté, sans morgue,

elle marchait dans la vie comme l'eût fait une religieuse ayant fait à Dieu l'abnégation de tout ce qui a trait à la terre et aux vanités du monde.

Il va sans dire que gracieuse et riche, Martha d'Harnheim fut bientôt demandée en mariage : les plus beaux noms de la Bohême briguaient l'honneur de s'allier à la fille du banquier. Dans le nombre des aspirants on comptait le fils d'un magnat prince de Eppsburg, dont l'élégance et la noble figure avaient fait impression sur le cœur de Martha.

Lorsque son père, après avoir énuméré tous ceux qui lui demandaient la main de sa fille, prononça le nom du prince Carl de Eppsburg, il vit une rougeur instantanée monter aux joues de la chère enfant ; mais quand il eut ajouté que le bruit courait que ce jeune homme passait pour un dissipateur et qu'il menait la vie à grandes guides, le visage deMartha devint pâle comme celui d'une morte.

Le banquier avait deviné que sa fille bien-aimée s'était éprise de celui qui n'était point digne d'elle. Dès ce moment son parti fut vite pris : il résolut de faire voyager Martha, fin del'amener à l'oubli. Prétextant une impérieuse nécessité de se rendre à Londres, pour y régler des intérêts d'une haute importance, le baron de Harnheim dit à sa fille qu'il désirait l'avoir près de lui pendant le voyage. En conséquence, madame de Ratzaw fut prévenue d'avoir à tout ordonner pour le départ de Martha et le sien.

Trois jours après cette décision, le père, la fille et la dame de compagnie, étaient en route pour la France et l'Angleterre. Tout alla bien jusqu'à Londres. La locomotion, le charme du voyage, les impressions de toutes sortes que subissait, malgré elle, la charmante Martha, tout éloigna momentanément de sa pensée le souvenir de Carl de Eppsburg ; mais peu à peu, une sorte de langueur s'empara de cette malheureuse enfant: elle tomba malade, et malgré toute la science des célèbres médecins de la capitale britannique, quels que fussent les soins qu'on lui prodigua, cette pauvre Martha ferma les yeux, certain soir, et fut déclarée perdue pour son père et pour tous ceux qui l'aimaient.

Le lendemain, le docteur du quartier vint constater la mort de Martha d'Harnheim, et l'on procéda à ses funérailles.

Le père écrasé par sa douleur refusait à

croire à cette séparation ! il voulut passer la nuit près de son enfant, et bien fit-il, car vers le matin, au moment où les yeux fixés sur la couche funèbre, il examinait le visage de Martha, il crut apercevoir un léger mouvement sur les traits de cette chère créature.

Il se leva d'un bond, arracha le suaire qui enveloppait ce corps affaissé par la maladie et vit les paupières de Martha s'entr'ouvrir l'une après l'autre, puis simultanément.

— Elle vit ! s'écria-t-il, elle vit !

En effet, Martha d'Harnheim était plongée dans une léthargie dont elle sortait, grâce à la vitalité de son sang. Son retour à la vie fut un triomphe, une joie universelle. Le pauvre père, dans son ivresse, consentit à tout ce que voulut Martha, et il fut décidé qu'à son retour à Prague, le mariage entre elle et le jeune Carl de Eppsburg serait conclu sans aucun délai.

Dès que la chère fille du banquier fut jugée capable de supporter les fatigues du voyage, on reprit la route de la France et de la Bohême en faisant différentes escales pour ne point fatiguer la ressuscitée.

C'est ainsi que l'on s'arrêta à Paris, à Berlin, à Vienne, mais quelles que fussent les merveilles que l'on montrait à la convalescente, il semblait qu'elle n'avait d'autre désir que celui de rentrer à Prague, aussi vite que faire se pourrait.

Enfin, le douzième jour, le baron, sa fille et Mme de Raizaw rentraient dans le palais de la nouvelle ville. Ce retour fut bienvite connu des amis de la maison de Harnheim qui vinrent savoir par eux-mêmes, de quelle façon miraculeuse Martha avait échappé à la mort.

Le premier, parmi les visiteurs, fut Carl de Eppsburg, qui comprit bien vite l'influence qu'il avait acquise sur la fille du baron. Il renouvela sa demande en mariage, fut accepté et on le vit alors chaque jour venir présenter ses hommages à sa fiancée.

Bref le mariage fut célébré, et l'heureux couple partit pour faire un voyage en Italie et en Suisse. Leur absence dura deux mois. Martha était complétement rétablie, et, quand elle rentra à Prague, sa santé semblait radieuse.

Par malheur, à peine Carl de Eppsburg alla-t-il retrouver ses camarades, qu'il se vit entrainé par eux à de nouvelles folies. Il aimait passionnément le jeu, et il s'absenta maintes fois de la maison de sa femme pour se rendre dans les tripots d'où il ne sortait point avant son mariage.

Martha eut beau adresser des remontrances à son époux, elle perdit son temps : peu à peu sa santé s'altéra. Une maladie de langueur la terrassa, et, après avoir dépéri, la malheureuse succomba sans que les docteurs de Prague eussent pu la sauver.

Nous ne raconterons point ici les détails des funérailles qui furent faites à la jeune femme. Toute la ville accompagna le convoi qui la menait à la chapelle du cimetière. Nul n'avait songé à la possibilité d'une seconde léthargie, car la famille avait déclaré que cette fois, il ne fallait pas se rattacher à cette espérance.

Néanmoins le cercueil de la pauvre femme fut déposé, suivant l'usage, dans la salle destinée à la veille des morts : par un hasard assez rare, il y avait deux cadavres sur les dalles de marbre de ce lieu funèbre. Le mari, cause de cette fin fatale, avait manifesté la plus grande douleur en perdant celle qui l'avait tant aimé. Il voulut rester avec le gardien durant la nuit qui suivit les obsèques. Rien de particulier ne se passa pendant ces douze heures de veille ;

quand vint le jour, Carl d'Eppsburg rentra chez lui, inconsolable ; il songea à se tuer, pour rejoindre sa femme : mais ses amis l'en empêchèrent. Le soir venu il retourna au cimetière et s'en alla au jour, pour retourner encore à la nuit.

Au milieu de cette quatrième veille, vers une heure du matin. Carl qui ne pouvait fermer les yeux, et qui tenait les regards fixés sur la cloche, crut apercevoir un léger mouvement du battant ; quelques seconde après, ce qu'il avait pris pour une illusion devenait une réalité. La cloche retentissait au point de réveiller le gardien de ce lieu funèbre, profondément endormi.

— La princesse vit ! s'écria celui-ci, en se frottant les yeux, courons à son secours.

Il ouvrit précipitamment la porte de communication entre la logette et la salle des morts.

Martha de Harnheim, à genoux sur son cercueil, regardait fixement autour d'elle, les yeux hagards cherchant à se rendre compte de la situation dans laquelle elle se trouvait.

— Où suis-je? fit-elle en voyant son mari et le gardien accourir près d'elle.

— Dans mes bras, chérie, sous la protection de ton mari qui ne te quittera plus désormais.

Aidé par le gardien, Carl de Eppsburg emporta la ressuscitée hors de ce lieu terrible : on la plaça près du feu, en la couvrant de chaudes étoffes pour la mieux réchauffer, et, avant qu'elle eût pu rien comprendre, la voiture du prince, mandée en toute hâte, emportait le prince et Martha, son trésor, Martha vivante qui rentrait dans le palais d'où elle était sortie réputée morte.

Le lendemain de cet événement tout Prague connaissait les détails de la terrible aventure.

Le prince de Eppsburg a changé de manière de vivre, et s'il joue encore, c'est dans ses salons ; s'il s'absente de Prague, c'est avec sa femme qu'il a juré de ne plus quitter d'un seul instant.

On voit, d'après cette histoire véridique que la mort a quelquefois du bon, surtout quand elle n'est pas réelle.

ÉGARÉ

Il y a quelques années, deux touristes passaient sur la route si mal entretenue du Kentucky, dans l'Amérique du Nord, et se dirigeaient du côté des « grottes Mammoth » en franchissant des ornières profondes, et des roches entassées les unes sur les autres, au milieu d'une forêt d'arbres à moitié déracinés par le vent.

Les rossinantes efflanquées qui traînaient le *mail coach* à travers une pluie torrentielle, dressèrent tout à coup les oreilles. Elles « sentaient l'avoine » ; on allait atteindre « l'hôtel des Grottes » qui promettait bon souper et bon gîte aux voyageurs et une excellente provende aux bêtes de la diligence.

La soirée s'écoula fort gaie, et quand vint le moment du café et des liqueurs, les deux touristes, tout en complimentant leur hôte sur sa cuisine et sur sa cave, lui demandèrent un guide pour visiter les grottes Mammoth.

En entendant les amis du *mail coach* parler au *land lord*, au sujet de de cette excursion, un Irlandais nommé Pat Harry, s'avança vers eux et les pria de lui permettre de se joindre à leur compagnie, en payant sa part des dépenses.

Le nouveau venu avait l'air d'un brave homme, il fut accepté sans difficulté.

Après avoir fumé quelques cigares et humé le *night cap* (le grog américain) de l'amitié, les trois associés allèrent se coucher.

Dès la première heure, le lendemain matin, MM. Joseph Davis et Franck Hopster étaient debout, et l'Irlandais Harry les rejoignait dans le *barroom* où le déjeuner était servi.

On paye pour droit d'entrée dans les grottes la somme d'un dollar. Dès que cette redevance fut acquittée, les trois excursionnistes se

mirent en route, munis de lampes, et ils parvinrent près d'un grand trou qui ressemblait fort
à l'ouverture d'un puits.

Cette excavation, d'une profondeur d'environ
quarante pieds et de trois mètres de large,
recevait, vers l'un des angles, les eaux d'un
ruisseau qui tombaient en poussière jusqu'au
fond.

Parvenu en cet endroit, les voyageurs trouvèrent un chemin plat qui s'avançait sous un
arc élevé , formé par des roches taillées et
aboutissant aux caves que l'on appelle la
« demeure des Invalides », car c'est là que rési-
dent en effet des malades à qui les médecins
du pays promettent la guérison, eu égard à
l'atmosphère chaude et vivifiante qui est très
favorable aux poitrinaires.

Les trois voyageurs déclarèrent à leur guide
que ce mode d'ensevelissement n'était pas pré-
cisément recréatif, et ni les uns ni les autres
ne comprenaient que la fumée qui remplissait
les cabanes fût propre à la guérison des malades enfouis sous ces voûtes profondes.

Derrière ce hameau souterrain, le guide conduisit les touristes à travers un grand boyau
appelé la *vallée de l'Humilité*, ainsi nommé

parce qu'il faut se courber en deux pour le franchir. Au delà se trouvait une sorte d'amphithéâtre au fond duquel coulait un ruisseau plein d'eau limpide.

On parvint ensuite dans la *vallée de l'Echo*, dont les répercutions étonnèrent les voyageurs. Tout autour d'eux la plus profonde obscurité enveloppait les parois de la grotte ; c'est à peine si les lanternes posées deci, delà, pouvaient dissiper les ténèbres : mais, à l'aide des torches dont le guide s'était pourvu, les visiteurs purent distinguer les murailles de pierres *stalactifiées*, toutes couvertes d'arbustes, de plantes et de fleurs pétrifiés. Il leur semblait qu'ils se trouvaient dans un paysage exotique, au dessus duquel planait un orage des plus sombres, et ils éprouvèrent comme un sentiment d'une appréhension irrésistible. Ni les uns ni les autres n'osaient proférer une parole, lorsque tout à coup le guide Irlandais se mit à hurler une chanson nègre qui réussit à dérider le front des trois camarades d'excursion. L'écho répétait les mots de cette sottise rimée, si bien qu'on eût pu croire que des esprits invisibles se moquaient du chanteur et de ceux qui l'écoutaient.

Tout se tut enfin ; quand le guide eut prononcé la dernière syllabe, le silence le plus profond se fit dans la caverne.

A quelques pas plus loin, les excursionnistes se trouvèrent sur le bord d'un lac nommé la *mer Morte* où l'on a placé un canot destiné aux besoins des visiteurs. Ils montèrent dans cette sorte de *barque à Caron*, dont le guide avait pris la direction. Bientôt le rameur s'arrêta et, prenant un revolver à sa ceinture, déchargea, l'une après l'autre, les six cartouches dans l'espace. On eût dit, à ce moment-là, que tout s'écroulait autour des quatre hommes perdus sous ces voûtes sombres, un parc d'artillerie s'exerçant et faisant feu de toutes parts n'eût pas produit plus de commotions simultanées.

MM. Davis et Hopster, voire même leur compagnon Pat Harry, se remirent cependant de leur émotion, causée par ces bruits inattendus, et la barque toucha bientôt le sable de la rive opposée au point du départ.

On se remit en route, tout en écoutant les histoires fantastiques débitées par le guide. Cet homme, un ex-esclave affranchi par les lois américaines après les guerres de sécession, avait appris à lire rien qu'en épelant les noms que les visiteurs conduits par lui écrivaient sur les parois de la grotte avec la fumée de leurs torches.

Il raconta aux « étrangers », qu'il découvrait

en passant le premier, certains accidents qui avaient eu lieu dans les grottes par suite de l'élévation subite des eaux, lesquelles avaient empêché les visiteurs de revenir sur leurs pas.

— En pareille occurence, disait-il aux trois voyageurs, il est indispensable de sortir par un boyau humide où il faut se décider à glisser à genoux sur un lit de boue. Ce passage se nomme le *purgatoire*, et l'on comprend que s'il est ainsi appelé, c'est que ceux qui le traversent n'ont que ce seul moyen d'éviter une mort physique dont l'image serait l'enfer.

Tout en songeant à cette éventualité peu récréative, les visiteurs arrivèrent au *cabinet Cleveland*. C'est là que l'on peut admirer des spécimens de gypse que les fées semblent avoir sculptés de leurs doigts habiles. En effet, on ne voit en cet endroit que rosaces bizarres, culs-de-lampe ingénieusement dessinés, et mille ornements d'une forme insolite. On se croit égaré dans un château hanté par des êtres surnaturels: partout on foule des fleurs plus blanches que la neige; les yeux percent des dômes florentins, des minarets turcs, des erbres, des spirales, des anneaux épars sur le sol, taillés dans le plus pur albâtre, et tout cela appliqué sur des parois de pierre noire comme l'ardoise.

Les règlements du Kentucky défendent aux voyageurs de rien toucher de ce qui est appendu ou appliqué aux murailles, mais ils ont la liberté de ramasser par terre tout ce qu'ils y trouvent. Il va sans dire que les visiteurs remplirent leurs bissacs de voyage de tout ce qui leur parut curieux à emporter.

Les merveilles de ces cristallisations de la grotte Mammoth du Kentucky sont réellement sans pareilles. Qu'on s'imagine voir, transformé en cristal ou en marbre, un de ces superbes bouquets que Nice expédie à Paris pendant la saison hivernale, et l'on n'aura qu'une faible idée de la richesse de cette flore factice des souterrains géants du Kentucky.

En quittant le *cabinet Cleveland*, les voyageurs se trouvèrent transportés tout à coup dans une atmosphère humide : les rochers suintaient l'eau. Ils parvenaient en effet dans la partie des ruisseaux souterrains et ils longeaient, en les traversant deçi, delà, des courants d'une eau transparente comme le cristal, coulant sur des lits de cailloux blancs.

C'est en cet endroit que les excursionnistes s'arrêtèrent pour prendre leur repas, repas interrompu à différentes reprises par la présence de rats énormes qui hantent l'intérieur des grottes et dont la voracité est sans pareille. Leur nourriture, paraît-il, ne se compose que d'araignées et de grillons très nombreux dans les souterrains. Ces grillons sont fort gros et tout à fait blancs.

Le repas des voyageurs était terminé : ils renouvelèrent l'huile de leurs lanternes et continuèrent leur route.

Il leur fallut alors monter au lieu de descendre. Ils gravissaient une sorte d'échelle taillée dans une étroite fissure et au dessus de leurs têtes ils apercevaient une vigne splendide, couverte de feuilles et des plus belles grappes de raisin, qui serpentait le long de la muraille et la couvrait de ses guirlandes fantastiques. Pour se convaincre que la vendange était irréalisable il fallait tendre la main et sentir le froid de la pierre.

MM. Davis, Hopster et Harry se trouvèrent alors à l'entrée de la *cave aux boules de neige*. Leur guide s'avança au milieu de cette vaste coupole et y alluma un feu de Bengale pour éclairer le spectacle curieux qu'il voulait faire admirer à ses « clients » étrangers.

Ces gentlemen virent alors devant eux un vrai

spectacle d'hiver. Le sol, leur parut couvert de neige et il y avait, par-ci, par-là, des amas de boules qui, en imagination, donnaient froid aux mains. On se fût cru en plein janvier et il ne manquait à ce spectacle que des sapins et des génevriers saupoudrés de givre.

Peu à peu l'artifice pyrotechnique s'éteignit et leurs rêves se dissipèrent. La lanterne magique avait cessé de fonctionner.

Ils avancèrent encore, sur les pas du guide, et se trouvèrent à l'extrémité la plus reculée des grottes Mammoth, après avoir franchi des crevasses et des précipices sans nombre. Ils avaient ainsi parcouru cinq lieues du pays par zigzags.

Ce point extrême des grottes Mammoth est nommé le *berceau de Péréva*. C'est une chambre circulaire de vingt à vingt-cinq mètres de circonférence et de trente de hauteur. Les parois semblent être recouvertes d'une draperie de pierre jaune dont les plis majestueux offrent à la vue les peintures d'un rideau de théâtre. Le guide déclara à ses « clients » que c'était en cet endroit que se réunissaient les fées du souterrain, pour y prendre leurs ébats.

Un ruisseau coule dans un angle de la salle,

sur un lit de cailloux : c'est à peine si son mur-
mure se fait entendre, et l'eau en est d'une lim-
pidité cristalline.

— Venez par ici, gentlemen ; nous retour-
nons sur la terre, mais par un autre chemin,
dit alors le guide aux touristes ; seulement,
vous allez éteindre vos lanternes, comme je le
fais moi-même, afin de vous rendre compte de
ce que c'est qu'une véritable obscurité dont on
n'a aucune idée sur la terre.

MM. Hopster, Davis et Harry se refusaient à
obéir à cette injonction, mais le guide leur dit
que rationnellement rien ne leur serait plus
facile que de rallumer leurs « lucioles » quand
bon leur semblerait. Cette raison péremptoire
suffit pour convaincre nos voyageurs timorés.

Ceux-ci, se tenant par la main, restèrent
ainsi, pendant cinq minutes, sans bouger, mais
non sans éprouver une certaine émotion. Lorsqu'ils frottèrent leurs allumettes et les approchèrent de la mèche de leurs lanternes, on eût
pu voir sur leur visage une émotion qui avait
produit chez eux une pâleur cadavérique. Ils
avaient eu peur.

On arriva quelques instants après à la *chambre étoilée,* voûte constellée de facettes multi-
ples, où l'on cherchait vainement une lune

absente. L'étoile polaire se trouvait cependant
à l'un des angles de la paroi la plus élevée.

Cette grotte est taillée pour ainsi dire dans
mine de micas et une c'est de là que lui vient
son nom.

Le guide fit ensuite passer ses gentlemen
dans le *dôme d'Young* où il alluma un autre
feu de Bengale, afin de montrer la hauteur des
parois dont la lumière ne pouvait pas franchir
la distance surélevée. Cette salle est la plus
incommensurable de toutes celles des grottes
Mammoth.

Au moment ou les quatre personnes péné-
traient dans un couloir assez long, le guide
poussa un cri et les trois compagnons de
voyage reculèrent par un accord simultané.

— Qu'est-ce ? demanda M. Hopster à l'Irlandais.

— Bonté divine ! Dieu vivant ! s'écria celui-
ci : un cadavre !

— Est-ce vrai ? répliqua M. Davis.

Et les trois voyageurs s'approchèrent rapidement du guide, qui leur montra étendu sur

le sol les restes d'un homme dévoré par les rats. Des lambeaux de chair et de nerfs tenaient encore aux ossements blanchis de cette victime inconnue.

— C'est horrible ! murmura Pat Harry : qui cela peut-il être ? mais je ne me trompe pas, voici un papier crispé dans la main du cadavre. C'est un indice.

Tout en parlant ainsi, Pat avait tiré avec les plus grandes précautions le chiffon froissé, que la dent des rats avait épargné, trouvant une nourriture plus subtantielle dans les flancs de cet infortuné voyageur égaré à cent mètres sous terre.

Le papier en question ne contenait que quelques lignes, dont voici la teneur.

« Je me nomme John Perceval : je suis venu ici en compagnie de quatre personnes de Charlestown, dont l'une, Samuel Cooper, mon cousin, avait comploté ma perte. Il avait gagné les trois coquins dont le nom m'est inconnu, afin de m'abandonner au milieu des grottes. Son but était de me voler ma fortune et d'épouser ma fiancée. Les misérables m'ont garrotté et laissé seul dans la *chambre étoilée*. Ils sont partis, et c'est après avoir fait des efforts inouïs que j'ai pu me débarrasser des cordes dont mes membres étaient liés. J'avais sur moi des allumettes et j'ai retrouvé ma lanterne, oubliée par mes assassins sur le sol. Voici trois jours et trois nuits que je parcours les méandres des caves sans retrouver mon chemin. Je suis perdu, ma lampe va s'éteindre, mais sur un des feuillets de mon portefeuille j'écrivis cette dénonciation véridique. Prêt à paraître devant Dieu, je jure que j'ai dit la vérité. Vengez-moi ! ! »

Les touristes tremblaient en écoutant la lecture de cette déclaration terrifiante. M. Hopster déclara qu'il irait la porter au juge du comté, dès qu'il serait sorti de l'intérieur de la grotte.

Le retour fut triste : on repassa la *rivière des échos* et l'on se croisa avec une société d'excursionnistes, dans laquelle se trouvaient des dames dont la gaieté ne parvint pas à rendre le calme aux trois gentlemen fortement impressionnés.

Le guide apprit à son collègue, directeur de la troupe joyeuse, qu'il avait quelque chose à lui dire, et il lui raconta à voix basse ce qu'il avait découvert, en l'engageant à éviter cet endroit lorsqu'il ramènerait sa société hors des grottes

Puis chaque groupe s'éloigna dans une direction différente. A peine de retour à l'hôtel, les trois visiteurs demandèrent à l'hôte où demeurait le juge et ils se rendirent près de lui avec le guide.

Le magistrat écouta le récit de leur funèbre découverte, et prit connaissance du papier que lui remit M. Hopster.

— Mais je connais ce misérable nommé Cooper! Il est mon voisin, et il est venu me déclarer, il y a un mois, que son parent était tombé, par accident, dans le gouffre appelé le *Maëlstrom*. Il a pris le deuil et joué admirablement la comédie.

Pour terminer cette histoire, nous dirons que ce misérable Cooper passa devant la *court of session* avec ses complices. Il fut déclaré coupable, mais comme il n'avait pas souillé ses mains de son semblable, il fut seulement condamné à deux ans de *hard labour* et envoyé à Sing-Sing.

Ce fut un bonheur pour la jeune fille qu'il voulait épouser: car elle eût, — sans la découverte du cadavre de son fiancé, un peu trop vite oublié, puisqu'elle se laissait courtiser par Cooper quelques jours après la prétendue chute dans le « Maëlstrom » de celui avec qui elle avait flirté pendant six mois, — elle eût épousé, disons-nous, un criminel indigne de toute affection et de tout pardon sur la terre.

CHEZ LES MONTÉNÉGRINS

Le pays de Monténégro est celui des braves.
Cette nation de montagnards habite une contrée
entourée de hautes montagnes et presque
inaccessible à tout ennemi qui tenterait de s'en
emparer. Aussi les Turcs n'y ont-ils jamais
exercé qu'une domination purement nominale.
Ils se sont toujours contentés d'un léger tribut,
laissant l'administration et le gouvernement
au *vladika*, autrement dit l'archevêque de Monténégro, qui, comme coréligionnaire du tzar de
Russie est placé sous la protection du souverain autocrate. Du reste l'autorité du vladika
est elle-même fort peu énergique : elle tem-
père celle du prince souverain du pays, et les
Monténégrins conservent, bon gré mal gré,
la plupart de leurs traditions.

Au nombre de celles-ci, il faut placer la justice de famille, dont l'exercice a résisté à tous les projets de réforme.

Dans un événement récent, cette juridiction est intervenue avec toute l'énergie de ses formes sanguinaires et sauvages.

Depuis 1875, un riche négociant moscovite, nommé André Sekaroff était venu s'établir à Belgrade dans une élégante habitation voisine du château princier, près de l'Arsenal. Ce négociant dont la fortune s'élevait à plus de quatre millions de roubles avait deux fils au service de la Russie : l'aîné, Nicolas, parvenu déjà au grade de capitaine dans le régiment des hussards de Soumsre ; le cadet, Paul, simple lieutenant au régiment des lanciers de Volhynie. Les deux jeunes officiers étaient venus passer quelques mois chez leur père, et ils ne tardèrent pas à se lier d'amitié avec un des jeunes gens les plus distingués de la ville, Milan Douckowitch, fils d'un boyard monténégrin et père de cinq enfants, quatre garçons et une fille. Milan, reçu dans la famille du père des deux Moscovites, voulut à son tour les inviter à venir chez son père : il les convia à la résidence de celui-ci en leur promettant des plaisirs de chasse qui leur étaient inconnus.

Les trois amis se mirent en route et ils arri-

vèrent enfin au séjour des Douckowitch où on
les accueillit avec la plus grande cordialité.
La fille de la maison, Pétrowna, avait avec elle
une de ses amies, et les deux jeunes Russes
furent bientôt épris des charmes de ces deux
demoiselles, à qui ils firent la cour sans dépas-
ser autrement les bornes de la politesse.

Une après-midi, en rentrant au salon du
château de Douckowitch, Nicolas et Paul y
trouvèrent les deux jeunes personnes et s'assi-
rent près d'elles, pour causer et passer le temps.
Ils n'étaient pas installés depuis plus d'une
demi-heure que Milan entra dans l'apparte-
ment. A la vue des quatre personnes ainsi réu-
nies, il se mit dans une violente colère et tira
à moitié son poignard de sa gaine ; Pétrowna
et son amie s'étaient enfuies.

Milan alla trouver son père et ses trois frères
et leur raconta qu'il venait de surprendre les
deux étrangers en tête à tête avec Pétrowna et
sa camarade de pension.

Suivant un usage du Monténégro, tout
homme qui a eu une entrevue seul à seul avec
une jeune fille est fiancé avec elle ; donc Nicolas et Paul devaient épouser ou subir les con-
séquences d'un refus.

Les Sakaroff furent interrogés par Milan et,

se croyant ainsi mis en demeure de contracter un mariage, s'y refusèrent carrément, ne se croyant pas engagés par quelques propos de pure convenance échangés avec des jeunes filles, comme ils auraient pu le faire à Saint-Pétersbourg ou à Moscou.

Milan les avertit qu'il y avait danger à dire non, mais Nicolas et Paul persistèrent dans leur détermination.

Le vieux Monténégrin et ses quatre fils, réunis dans une cabane de garde, prenaient le soir même la résolution de massacrer leurs hôtes, au moment où ils se trouveraient hors du château, c'est-à-dire hors de leur hospitalité.

Nicolas et Paul prirent froidement congé de leurs hôtes et quand ils furent sortis de l'enceinte du château hâtèrent le pas de leur monture.

Hélas ! ces malheureux ne devaient plus revoir leur père !

On retrouva leurs cadavres sur la route; chacun avait eu le cœur percé par un coup de poignard.

Un bâton planté à côté des deux morts por

tait ces mots tracés sur un carton et fichés dans le bois fendu :

« Morts pour avoir trahi l'hospitalité. »

Ce qui prouve qu'il ne fait pas bon causer seul à seul avec une Monténégrine.

Avis aux voyageurs.

UNE PROMENADE A PRAGUE

La journée était chaude, le ciel lumineux et doux. Fatigué d'avoir erré depuis le matin à la recherche des monuments remarquables, fatigué plus encore peut-être des idées, des rapprochements, des réminiscences historiques réveillés en moi, je m'assis au bord de la Moldau, verte et profonde, qui coulait languissamment à mes pieds.

Les berges de la rivière étaient peu élevées et revêtues de vipérines et de serpolet comme le plus humble de nos ruisseaux français. Deux chèvres s'y tenaient à l'aise et broutaient rapidement, fixant parfois avec défiance leurs yeux d'or sur moi. Sentaient-elles en moi un étranger ? On l'eût dit à voir leur surveillance inquiète, mais mon insensibilité ne tarda pas à les rassurer.

Un peu plus loin des blanchisseuses battaient leur linge en devisant non sans me jeter de temps à autre un regard, et moi les voyant je rêvais être en France avec mes amis, supprimant ainsi d'un bond de ma pensée la distance, quand, tout à coup, d'un timbre étrange sonna l'horloge du Hradshin. Deux heures : la journée était longue encore et mon carnet de voyage en marquait impitoyablement l'emploi. J'avais encore à visiter le cimetière juif.

Je ne devais pas être loin, et malgré ma fatigue, je m'acheminai vers le faubourg, non sans regarder avec envie l'herbe touffue, les flots verts que coulaient si paresseusement et les deux chèvres libres de brouter à leur aise, tandis que moi, pauvre voyageur, il fallait m'arracher à ce lieu charmant et frais, pour obéir à mon guide de voyage, sous peine de voir, à mon retour, traiter de merveille et de chose intéressante le monument oublié.

Je m'enfonçai dans les ruelles étroites et sombres du Hradshin et tournant à droite je me trouvai en face d'une ouverture fermée jadis par une porte, mais dont il ne restait plus que gonds rouillés dans une rainure de briques. Le soleil illuminant de ses plus glorieux rayons la cour qui s'étendait au delà y faisait resplendir des haillons et des loques dont un Murillo eût volontiers revêtu ses modèles et dorait de tons chauds un essaim de véritables enfants de l'Orient, les uns dormant en tas aux seuils des portes, les autres jouant dans le ruisseau : des armées de petits Lévy et de petits Jacob à la mine éveillée, aux yeux de flamme, aux cheveux crépus.

Tout d'abord, comme mes chèvres de tout à l'heure, ils s'arrêtèrent à la vue d'un étranger : car cette porte absente dans une étroite ouverture, c'était bien l'entrée d'une nouvelle ville, d'un nouveau pays. Des vieilles, qui semblaient revenues tout récemment de la captivité de Babylone, plongeaient du haut des fenêtres étroites leurs yeux noirs et leurs nez crochus sur la place, où avec mille cris s'ébattait leur progéniture.

Au premier moment j'hésitais à entrer : qui me protégerait moi, fatigué, seul et sans armes, dans ce monde inconnu, dans ce repaire, où toutes les convoitises allumaient tous les yeux ? Mais bientôt le charme bizarre de ce monde étrange me domina si bien que j'oubliai mon inquiétude, et quelques pièces de monnaie vers lesquelles se tendirent les petites mains avides et les regards plus avides encore des mégères à leurs fenêtres, me procurèrent la bonne volonté de tous et un guide pour me conduire à la cité des morts vers laquelle se dirigeaient mes pas.

Une grande maison sombre aux briques noircies par le temps et la fumée, garnie de fenêtres à croisillons, en gardait l'entrée comme une citadelle. Mais là plus de bruits, plus d'enfants. Un vieux sacristain à figure austère entr'ouvrit une des fenêtres du rez-de-chaussée et d'une voix sépulcrale me demanda ce que je voulais.

Le soleil frappait vivement cette vieille tête qui m'apparut encadrée dans la sombre ouverture, comme un Holbein descendu de son clou. Son front, ses lèvres, ses pommettes saillantes et jaunes étaient tellement couverts de petites rides, qu'on eût dit les lignes concentriques d'un morceau de vieux bois. Ses yeux petits, noirs comme des charbons, me fixaient avec inquiétude. Sa barbe blanche et soyeuse descendait à moitié de sa poitrine et son crâne complètement nu brillait comme du vieil ivoire.

Je répondis, en observant cette apparition d'un

autre âge, que je désirais visiter le cimetière juif. Cette expression malsonnante de « juif » offensa sans doute ses oreilles, car il la répéta en hochant la tête. Je repris alors en m'excusant : « le cimetière israélite ».

Il referma alors sa portion de fenêtre avec lenteur et précaution et j'attendis. De longues minutes s'écoulèrent, et malgré le soleil qui dardait ses plus chauds rayons sur les murailles muettes, je me sentais devenir froid comme les pierres tombales appuyées au mur.

Enfin s'ouvrit une porte si basse, qu'un homme de taille ordinaire ne pouvait passer qu'en se baissant, si étroitement ouverte que je dus entrer de côté pour me glisser à l'intérieur, et aussitôt le veillard de la refermer avec clefs et verrous, puis, s'aidant d'un bâton, il marcha en silence pour me montrer le chemin.

La cour de la maison, une ancienne synagogue ou maison de prière, était vaste et entourée d'arcades sinistres comme les orbites vides d'une tête de mort. Pas une herbe, pas une fleur, pas un insecte : la vie, la jeunesse, depuis longtemps avaient fui cet endroit ; la mort seule représentée par de nombreuses pierres

accumulées sous la galerie, la décrépitude et
sans doute, mais je les ignorais, de nombreux
et touchants souvenirs remplissaient ces
lieux.

Le vieillard me précédait toujours, mais
muet et sans regard ; il m'ouvrit enfin une
grille, qui grinça sur ses gonds avec un bruit
désagréable ; ses lèvres alors remuèrent, mais
aucun son n'arriva à mon oreille et il disparut
comme une ombre, gardien des ombres.

Je me trouvai alors dans un enclos d'à peu
près cent mètres carrés, borné de tous côtés
par des murs élevés, lézardés, en partie
couverts d'une végétation touffue. A terre
gisaient, en nombre incalculable, des pierres
tumulaires, petites pour la plupart, dressées
obliquement par la pression de la terre amon-
celée et des herbes parasites. Une odeur de
moisissure humide vous pénétrait et on marchait comme avec répugnance dans ce champ
de la mort.

Cependant quelques-unes de ces pierres
étaient disposées en ordre, là où la foule avait
laissé quelque place et même on pouvait trouver quelques monuments intacts, quelque
peu semblables à des lits de repos. L'un
d'eux portait deux mains entrelacées, emblème

sans doute de quelque heureuse union con-
jugale.

Regardant de plus près ces pierres noirâtres,
je vis qu'elles étaient revêtues d'inscriptions
hébraïques. Mais quel désordre, quel encom-
brement dans cet étroit espace? Pas un coin
où le voyageur put poser le pied, sans fouler la poussière humaine; pas de trace, non
plus, des soins pieux d'une main amie sur ces
tombes entassées. Depuis quand dormaient-ils
là, ces aïeux? Depuis quand l'astre de vie
puissant et radieux oubliait-il de les réveiller?

Comme je me retournais pour examiner un
monument qui paraissait porter quelques
traces de sépulture, le gardien du cimetière
se dressa devant moi semblable à une apparition.

Je tressaillis : j'étais si bien parti pour le
pays des rêves, que j'avais failli croire à un
fantôme. Il me suivait silencieusement de son
regard perçant qui remuait ma conscience :
avait-il peur que je n'emportasse avec moi, un
peu de cette terre sacrée, quelque fragment de
ces pierres rongées?

Pour détruire le charme qu'exerçait sur moi
cet homme, je lui parlai.

— On n'enterre plus ici ? demandai-je d'un air conciliant.

Un bruit sourd, comme venu de loin, sortit de ses lèvres :

— Non.

— Il a donc un autre cimetière israélite ?

Cette fois-ci ce fut un profond soupir :

— Oui.

— Pourquoi ces pierres ici sont-elles si entassées ?

Le vieillard me regarda d'abord avec défiance ; mais mon air parfaitement sérieux le rassura sans doute :

— Quand Joseph mourut dans la terre 'Egypte, dit-il avec solennité, que recommanda-t-il à ses descendants par rapport à lui-même ? D'emporter ses os dans la terre de Chanaan, mais...

Les yeux du gardien jetèrent comme une rapide lueur qui s'éteignit aussitôt.

— Quand nous partirons tous d'ici, pour Jérusalem, dit-il, il faudra retourner les os de nos pères, et comme nul ne connaît l'heure, nous les mettons tous à la même place, pour n'en oublier aucun.

— Pourtant vous avez un autre champ de repos?

Avec un nouveau et plus profond soupir :

— Cette terre ne voulait plus des morts, continua-t-il, ils ne s'y consumaient plus : c'est pourquoi il a fallu porter nos frères ailleurs ; mais au grand jour, ils ne seront pas abandonnés non plus.

La foi profonde du vieillard m'avait gagné et ce fut sans une nuance de doute que je murmurai :

— Quand espérez-vous y retourner?

Il leva les yeux au ciel avec la certitude du voyant qui aperçoit Dieu à travers les nuages, et répondit avec le geste oriental posant la main sur son cœur :

— Quand Jéhovah aura parlé

Et il baissa la tête avec le respect d'un serviteur devant son maître.

— Et où serez-vous enterré vous-même ?

Nullement surpris ni offensé :

— Quand il appellera son serviteur Tsadok,
dit-il, mes frères emporteront mes os dans la
vallée de Josaphat, près de Jérusalem, où dor-
ment près des élus Sarah mon épouse et mes
deux fils.

Et il continua de regarder la terre.

— Pourquoi si loin ? Dieu n'est-il pas partout ?

Il fixa alors les yeux sur moi, étonné de mon
ignorance, prêt à s'irriter de mon impiété :

— N'est-il pas écrit au livre de la Loi, dit-il
en s'animant, que la trompette de l'Ange reten-
tira d'abord dans le sacré vallon et ceux qui
l'entendront les premiers, ressusciteront aussi
les premiers ?

Je n'osai plus rien dire de peur de scandaliser
ce saint des anciens jours et je me dirigeai vers
la grille d'entrée. Il n'ajouta pas un mot, reçut

la pièce d'argent que je lui posai dans sa main de spectre et referma ses portes avec un soin jaloux. Je comprenais maintenant qu'un peu de terre restée à mes pieds, ou qu'une pierre ramassée à titre de souvenir, lui eût semblé une profanation.

. . . .

Ah ! quel bonheur ensuite de fouler de nouveau la terre des vivants, d'entendre une voix vraiment humaine, de regarder ces petits polissons tout déchirés, tout crottés, mais pétillants de vie, de malice et de joie ! Comme les ruelles où le soleil et l'ombre se disputaient l'espace me semblaient belles ! On y vivait au moins, et cette poussière que je foulais aux pieds n'était plus celle des morts.

Une jeune femme au type juif très accentué, portant un enfant d'un bras et de l'autre un baquet de sapin qu'elle emplissait à une fontaine, arrêta mon regard avec bonheur. Elle pouvait avoir vingt-cinq ans, son profil marqué et pur se détachait en couleur ambrée sur le ciel bleu, ses cheveux noirs un peu crépus se tordaient en lourdes tresses sur son cou : son buste plein se rejetait noblement en arrière et elle regardait cette eau qui tombait en bouillonnant dans son baquet, comme une reine l'eût fait d'ennemis prosternés à ses pieds.

Le vase plein, elle voulut le poser sur sa tête, mais l'enfant sur son bras était d'un autre avis et se démenait comme un petit démon. Cette belle Rébecca m'intéressait ; je m'avançai pour l'aider. Elle ploya ses deux genoux pour recevoir son fardeau, nullement étonnée de cette politesse d'un étranger et se redressa magnifiquement cambrée comme une cariatide, laissant échapper sur moi, de son grand œil noir, un regard de velours et d'or qui m'éblouit, puis elle disparut dans l'allée obscure d'une maison ; et moi, n'ayant plus, me semblait-il, rien à voir après cette gracieuse fille d'Israël, je sortis du Ghetto de Prague, pour retrouver l'espace et la Moldau aux flots verts.

Le soir, je quittai la ville, disant adieu à ses clochetons gothiques, à ses monumentales fontaines et à cette pittoresque colline du Hradshin, où un immense arc-boutant se détache sur le ciel, comme le bras d'un géant qui embrasse le dôme de Saint-Vit et le campanile. Mais peu à peu s'effacèrent dans le crépuscule les monuments et le paysage, et, bercé par le mouvement du wagon, je m'endormis et retrouvai en songe le vieux Tsadok et la Rébecca de la fontaine. Seulement, dans mon rêve, tous deux étaient de la même famille, et, pieuse petite-fille, elle consolait l'aïeul de la perte de ses deux fils enterrés dans le vallon de Josaphat.

L'AVALANCHE

Les ordres monastiques les plus utiles à l'humanité, et nous ajouterons à la religion, sont indubitablement ceux que l'on désigne sous le nom d'hospitaliers. Ce sont eux qui ont construit leurs demeures rigides sur les cimes des montagnes couvertes de glace et qui offrent le couvert et la nourriture gratuite et obligatoire — pour eux — sans exiger le moindre salaire, en retour des soins généreux qu'ils offrent à ceux que les hasards de voyage ont attirés dans les parages de leurs couvents.

Les religieux les plus connus, parmi tous ceux qui se sont consacrés à la protection des voyageurs, sont ceux du Mont-Saint-Bernard dont l'ordre et la fondation ont eu pour directeur saint Bernard de Menthon.

Les moines — à tout seigneur tout honneur — sont, à peu d'exceptions près, des hommes de haute stature, très solides, très audacieux, qui, — s'ils étaient laïques, — auraient déjà mérité de nombreuses médailles d'or pour leurs sauvetages ; mais, simple et modeste, ce groupe de gens charitables cache les bonnes actions de la communauté, et c'est toujours par hasard, ou plutôt par l'indiscrétion des personnes arrachées par eux aux dangers de l'avalanche et des chutes dans les précipices, que le public est admis à la connaissance de leurs bienfaits.

Quant aux chiens du couvent du Saint-Bernard, c'est autre chose. Ces bons animaux, dressés par les moines, étaient, dans l'origine, des bêtes énormes à pattes fortes et massives, à la tête énorme, aux babines pendantes, dont la robe offrait aux yeux des teintes ocre plus ou moins foncées et dont le poil était un peu court, quoique très fourni.

Par suite d'une épidémie qui survint vers l'année 1820, cette race disparut. Un seul individu survécut à la mortalité, et les moines du Saint-Bernard durent reconstituer une race par des croisements avec les chiens de Leonberg, race analogue à celle des Pyrénées.

En somme, cette noblesse de la race canine remonte à huit ou neuf cents ans.

L'ancien chien du Saint-Bernard était, dit-on, né du chien de berger et de la famille du mâtin, heureuse alliance dans l'espèce, car elle avait uni à l'intelligence la force ; union précieuse et féconde en mérites, car, l'éducation aidant, il en était sorti une vocation étrange, une faculté singulière, une aptitude humanitaire devant laquelle l'esprit reste confondu, et cette faculté était tellement incrustée dans l'organisme, quelle a passé tout entière dans le sang de la nouvelle famille formée avec le sang des leonbergs.

Le chien philanthrope du Saint-Bernard est grand, fortement charpenté, admirablement doué : c'est une spécialité merveilleuse qui consiste à aller à la recherche des voyageurs égarés ou des touristes surpris par la tourmente, ensevelis sous les amas de neige.

L'histoire des services rendus à l'homme par les chiens de l'abbaye du Mont-Saint-Bernard est universellement connue. Tout le monde rend hommage à la loyauté, au zèle ardent et patient, à la douceur incomparable qu'ils déploient dans la difficile mission qui leur est dévolue par la charité, et, pour donner une

Idée de leur utilité effective, disons que les frères du Mont-Saint-Bernard ne reçoivent pas moins de vingt à vingt-cinq mille personnes chaque année. Dans ce nombre de voyageurs, combien auraient été empêchés, à leur détriment, sans la certitude d'une hospitalité attentive et ingénieuse et, parmi les autres, combien auraient péri, sans les secours intelligents et dévoués, préventifs ou opportuns, apportés par les moines ou par la race de chiens élevés par eux ! Ils se présentent sous une physionomie calme et placide ; leur regard est bon, bienveillant, attirant, si l'on veut bien nous permettre ce mot. Ils ont l'oreille pendante, la queue longue et bien fournie.

C'est pendant l'un des hivers les plus rigoureux, sur un des points les plus élevés du passage, à plus de deux mille mètres au dessus de la mer. Autour d'eux il n'y a que des monticules de neige et le ciel est sombre. Toute trace de route a complétement disparu.

Malgré cela, plusieurs ont été forcés de partir ; ils gravissent péniblement et lentement les déclivités de la montagne, ils vont à la grâce de Dieu, alourdis par la fatigue, engourdis par le froid, tâtonnant, hésitant, et commençant à désespérer. Les uns sont aperçus par les frères, hélés à temps, opportunément secourus et conduits sans autre accident à l'abbaye. Ce sont les privilégiés, ceux à qui la fortune a souri, ceux que la Providence a manifestement protégés, ou ceux qui ont de la corde de pendu dans la poche de leur vêtement.

D'autres voyageurs, moins heureux, ont été violemment renversés dans un abîme, ou, épuisés, la voix éteinte, ils se sont affaissés sur eux-mêmes, à la suite d'une lutte inégale, mais courageuse, contre les éléments déchaînés. Ceux-ci et ceux-là sont dans une situation des plus critiques; il ne faut rien moins qu'un miracle pour les rendre à ce monde auquel ils appartiennent, à leur famille, à laquelle ils donnent, *in extremis*, leur dernière pensée, leurs plus poignants souvenirs.

L'avalanche les a recouverts, le froid les a saisis, la vie leur échappe. Les bons moines en peine se sont mis en route. Ils ne voient personne, quoiqu'ils regardent de tous les côtés, ils n'entendent aucune voix, tout en écoutant les oreilles grandes ouvertes.

Mais leurs courageux, leurs infatigables auxiliaires que rien ne rebute, s'écartent, vont et viennent, flairant, cherchant aussi, sans trêve, sans repos, illuminés par l'intelligence, mus par l'amour du bien, conscients, allant,

allant toujours, dans l'espoir que leur pénible labeur aura sa récompense.

Ils ne sont pas trompés : ils ont découvert une victime, et vous les voyez occupés l'un et l'autre, car ils sont deux que leur intelligence a portés presque au même moment vers le même point.

Il y avait là un homme terrassé par l'avalanche ; ils l'ont senti, ils ont dégagé la figure et le cou ; ils continuent l'œuvre d'une patte et se sont partagé le reste, car le sauvetage est à peine commencé. Il faut faire cesser la syncope, ce commencement d'asphyxie qui a enlevé toute connaissance, tout sentiment à ce malheureux.

L'un des chiens, de sa chaude haleine, cherche à rappeler la circulation dans l'un des membres, l'autre donne de la voix et informe ceux qui pourraient être à portée que leur venue serait certainement opportune et utile.

La précaution a bien son prix, car on aperçoit bientôt plusieurs frères se dirigeant vers un point dont ils s'éloignaient indubitablement, sans avoir soupçonné la présence d'un malheureux demandant du secours.

Et puis, voyez l'attention ! l'une des bêtes porte à son cou, tantôt dans un petit baril, tan-

tôt dans une gourde, un précieux cordial à l'usage du voyageur dont il faut ranimer les
esprits ; l'autre est enveloppé d'un manteau qui
sollicite l'intelligence du ressuscité.

Tout le monde connaît l'histoire de ces enfants
trouvés sous la neige, miraculeusement rappelés à la vie par un de ces chiens bénis, et rapportés à l'abbaye après qu'il leur eut fait comprendre, par les plus tendres caresses, et après
les avoir invités par des manières douces et
engageantes, par des regards doux et attractifs,
en s'aplatissant pour se mettre à leur portée,
qu'ils avaient le droit, ces pauvres petits, de
l'enfourcher et de se tenir tant bien que mal
sur son dos, jusqu'à ce qu'ils eussent pu être
déposés en lieu sûr.

De tels chiens sont très précieux, et leur intelligence ouverte les place au rang des premiers
auxiliaires de l'homme.

Nous avons toujours regretté de ne pas voir
ces beaux chiens exhibés dans nos grandes
expositions de races canines. Mais on nous a
expliqué, à ce sujet, que la famille en est peu
nombreuse, que ceux qui l'entretiennent songent plus au bien qu'elle est appelée à faire,
qu'à l'obtention de médailles promises. Et d'ailleurs, que feraient-ils de ces récompenses ? Ne

sont-ils pas voués à la modestie et à la simplicité ?

Les amateurs qui possèdent des chiens du
Mont-Saint-Bernard s'attachent peu à maintenir homogènes des animaux dont la conser-
vation à l'état de pureté de la race offre toutes
sortes de difficultés. Le choix devient impossible lorsque ces animaux sont à la fois aussi
rares et autant disséminés.

Nous ajouterons à cette monographie des
chiens du Saint-Bernard quelques traits qui
donnent du piquant à cet article.

Un des animaux du couvent faisait sa ronde,
selon sa coutume, rencontra un petit garçon
de six ans dont la mère était tombée au fond
d'une gorge sans qu'il fût possible de la retrouver. Surpris par la vivacité du froid, épuisé de
faim, de douleur et de fatigue, cet innocent
était couché, sans force, au milieu du chemin,
et s'y lamentait. Le chien accourut vers lui, et,
soulevant sa tête, lui montra le barillet plein de
la liqueur bienfaisante qu'il portait pour le
service des voyageurs. L'enfant, qui ne com-
prenait rien à la nature de cette offre, tressail-
lit de peur et voulut s'enfuir. L'animal, afin
de l'enhardir, leva doucement la patte qu'il
posa bien plus doucement encore sur les petits

pieds du voyageur orphelin, dont il léchait en même temps les mains engourdies par l'acuité du froid.

Rassuré par ces démonstrations amicales et pacifiques, l'enfant fit un effort pour se relever, mais ses jambes, ses bras, tout son corps, étaient glacés à ce point qu'il lui était impossible de marcher. Compatissant à la faiblesse du petit, le chien s'approcha bien près de lui et, par un signe expressif, il lui fit entendre de se hisser sur son dos. L'enfant s'y plaça, en effet, le mieux qu'il lui fut possible et s'y tint couché en deux.

L'animal bienfaisant le porta ainsi avec grande précaution jusqu'à l'hospice, où l'on ne manqua pas de lui prodiguer tout ce qui était nécessaire pour le réchauffer.

Ce trait produisit une vive sensation dans tous les cantons du voisinage du Saint-Bernard : un riche propriétaire se chargea du sort du petit orphelin et fit peindre cette touchante aventure par un habile artiste de Berne.

On voit ce tableau dans le couvent où le chien hospitalier faisait autrefois son service.

Voici maintenant l'histoire du chevalier Gaspard Brandenberg qui, traversant à pied les routes du Mont-Saint-Bernard, fut tout à coup entouré par une trombe de neige terrifiante.

Au moment où il avait quitté les villages de la frontière d'Italie, une avalanche se détacha de l'un des côtés de la montagne et le recouvrit, lui et le domestique qui l'accompagnait. Le chien qui les suivait, et qui avait échappé aux atteintes de la masse de neige, ne voulut pas quitter l'endroit où son maître était enseveli.

Par bonheur, l'endroit n'était pas tout à fait éloigné du couvent du Mont-Saint-Bernard. Le fidèle animal gratta la neige et hurla très longtemps de toutes ses forces : il courut au couvent à plusieurs reprises et revint autant de fois sur ses pas.

Tout aussitôt les bons moines donnèrent la liberté à deux chiens du Mont-Saint-Bernard, qui s'élancèrent sur les traces de leur camarade, et celui-ci les mena directement à l'endroit où il avait gratté la neige.

Tout le monde se mit à l'œuvre, hommes et chiens, et enfin, après deux heures de recherches, on découvrit les deux malheureux qui, quoique à moitié gelés, n'en étaient pas moins encore en vie. Grâce aux soins rapides qui

leur furent prodigués, ils se trouvèrent bientôt
remis de leur émotion et prêts à continuer leur
route.

Le chevalier Gaspard de Brandenberg, très
reconnaissant de la fidélité de son chien, ordon-
na que, quand il mourrait, on lui élevât un
mausolée. Le bon animal devait être repré-
senté couché à ses pieds, et l'on tracerait sur
une des plaques de marbre du tombeau l'histoire relative au sauvetage auquel la bête fidèle
avait concouru.

On voit à Zug, dans l'église de Saint-Oswald,
le tombeau du chevalier et le portrait de son
chien Thor, qui, s'il faut en croire le statuaire,
était un superbe danois.

LES DÉLICES DU BENGALE

Ce qui suit est extrait d'un livre inédit d'un officier anglais qui a résidé vingt années dans les grandes Indes, et qui m'a permis de le traduire pour l'offrir à nos lecteurs...

« Chargé de passer en revue un régiment d'indigènes, je montai à cheval, dès la pointe du jour, afin de me rendre au camp. J'étais d'assez mauvaise humeur et ce n'était point sans motif. D'abord je me trouvais enfoui au milieu d'un brouillard très dense qui faisait tomber sur mes épaules une humidité glaciale, et, à l'exemple des officiers résidant au Bengale, je ne portais qu'un veston de fine toile, sous lequel du reste, grâce à l'empois dont on l'avait imprégné, je me trouvais aussi mal à l'aise que si j'eusse été vêtu de bougran.

D'autre part, j'avais passe une partie de la à jouer et j'avais nuit perdu.

Je chevauchais donc tristement en pestant contre ma monture qui, selon l'aimable coutume des arabes pur sang, broutait à toute minute. D'ailleurs je me sentais blessé dans mes présomptueuses idées touchant la dignité humaine, chaque fois que mes regards tombaient sur le jeune nègre attaché à mon service en qualité de groom, et que je voyais courir pieds nus à mes côtés et cherchant à chasser les mouches qui osaient attaquer ma noble tête, ou bien qui s'emparait des rênes dès que je manifestais l'intention de descendre.

Aussitôt qu'un Européen arrive dans les Indes, la première chose qu'il fait c'est d'oublier bien vite qu'un Indien est un homme. S'il n'en était point ainsi il n'aurait pas l'impudeur d'affecter des prétentions à la supériorité, et de se poser, comme il le fait, en souverain maître de la création. Il ne souffrirait pas qu'un être d'une nature exactement semblable à la sienne remplit journellement les fonctions les plus serviles, les plus dégradantes auprès de sa personne. Je prenais à la fin en pitié ce pauvre

groom, qui avait couru à mes côtés pendant
quatre ou cinq lieues, afin de remplir des fonctions réputées « indispensables » par le *cant*
anglais.

Je reviens à ma revue. Jamais, parmi tous
les plus beaux corps de troupes connus, je
n'avais vu aucun régiment qui eût meilleure
tournure que celui des *Sepoys* que j'avais à
passer en revue. L'Indien, à vrai dire, — est
moins fort que l'anglais, mais pour la fermeté,
la constance, la résolution, il n'y a point de soldat au monde qui l'emporte sur le sepoys.
Pourvu que le riz soit distribué en suffisante
quantité à cet indigène, il ne se préoccupe plus
de sa nourriture et de son coucher et se présente d'aussi bonne grâce au feu qu'à la pa-
rade.

La revue terminée et lorsque le régiment eût
manœuvré devant moi, sous la direction du
sergent-major européen, lequel a rang au dessus du capitaine des indigènes, après avoir
reçu et rendu le salut à MM. les officiers indiens, j'allai faire l'inspection de l'ambulance,
à titre d'officier de service. Puis, en un temps
de galop, je me rendis chez mon ami Thomp-
son notre adjudant, qui m'avait invité à déjeuner. En traversant son vestibule, un nouvel
exemple de la dégradation indienne vint frapper

mes yeux. C'était une négresse allaitant une portée de chiens d'arrêt. J'en témoignai ma surprise à Tompson : il se mit à rire, et, pendant le déjeuner fit des gorges chaudes au sujet de mes scrupules. En sortant de table, nous fîmes une partie de paume et nous épuisâmes une boîte de cigares parfumés. Après cela nous descendîmes à la cave pour y goûter certain vin clairet que mon ami avait reçu de Calcutta.

Mais, ô douleur ! il nous fut impossible d'en avaler une goutte : un *rat musqué* avait passé sur le tonneau, et le vin était infecté à ne plus pouvoir le boire.

Quand je revins à mon logement, j'y trouvai un capitaine indigène qui, ses souliers dans les mains, marcha droit à ma rencontre et, criant d'une voix de stentor : *Halte !* s'arrêta court devant moi. Cela fait, il me salua militairement, m'apprit qu'un soldat venait de mourir à l'ambulance ; puis il me salua de nouveau et, en me quittant, se fit à lui-même le commandement ordinaire ; *Demi tour ! En avant, marche !* qu'il exécuta avec toute la raideur requise.

A peine était-il parti, que successivement entrèrent un lieutenant, un sous-lieutenant, un sergent et un caporal, — tous indigènes aussi, — et chacun d'eux m'apprit, de la même manière, une nouvelle de semblable nature. Cinq décès en un jour ! Je courus rendre compte au colonel de ce triste événement. Il s'en étonna d'autant plus qu'il considérait notre cantonnement comme très sain. Il fit appeler les chirurgiens-majors qui nièrent la chose ; il manda l'adjudant ; celui-ci répondit que j'étais, sans doute, devenu fou. Enfin, il fut avéré, après un terrible remue-ménage, qu'un seul homme était mort. Mais, conformément à l'éti_quette militaire du pays, le fait avait dû être dénoncé à l'officier de service par un titulaire de chaque grade. Voilà ce que j'ignorais, et l'on ne se gêna pas de rire à mes dépens.

En revenant chez moi, je rencontrai une jeune lady de ma connaissance, qui se promenait en palanquin, escortée par un détachement de lanciers : son père était un officier général. Au beau milieu du récit que je lui faisais de ma dernière mésaventure, elle poussa un cri déchirant. Un *mille-pattes* long de cinquante centimètres s'était attaché à son pied. Ses porteurs s'arrêtèrent frappés de stupeur. Notre chirurgien qui se trouvait avec moi, écrasa aussitôt l'insecte, et milady fut reportée chez elle en toute hâte. Au bout de onze semaines, la malheureuse, souffrant toujours, s'embarqua pour l'Europe, où elle allait consulter les médecins.

J'ai appris depuis qu'elle avait été forcée de subir l'amputation.

Quel effroyable pays que celui qui vous livre à la merci de ces insectes dangereux !

Je venais de quitter le chirurgien, quand, passant devant la maison de notre major, j'eus la pensée de lui rendre visite. Pendant ma conversation avec sa femme et lui, mes yeux se dirigèrent par hasard vers le plafond, et je remarquai quelques petits insectes qui s'agitaient autour d'une poutre transversale. Tout à coup un de ces animalcules tomba sur le plancher, et, tout en causant, je me mis à l'agacer du bout de ma badine. Le major me demanda ce que je faisais là. Je ramassai l'insecte et le lui montrai avec insouciance.

Il ne l'eut pas plus tôt aperçu qu'il devint pâle comme un cadavre.

— C'est une fourmi blanche ! s'écria-t-il ; c'est une fourmi banche ! De grâce, ma chère, dit-il à sa femme, qu'à l'instant même tous nos effets soient emballés et que, sans perdre une minute, on les enlève de cette maison. C'est une fourmi blanche !

La dame quitta précipitamment la chambre et je demandai une explication.

— L'insecte que vous tenez dans vos mains, me répondit le major, est si destructeur et se multiplie avec une rapidité tellement extraordinaire, que le propriétaire de la plus solide maison des Indes, pour peu qu'un seul individu de cette espèce s'offre à ses yeux, s'empresse de la déserter, ne songeant qu'à se soustraire au danger presque certain d'être bientôt écrasé sous ses ruines. Vingt-quatre heures suffisent aux fourmis blanches pour réduire en poudre la solive la plus épaisse; et puisque cette maudite vermine est maintenant sous mon toit, rien au monde ne saurait me déterminer à coucher encore une nuit ici. Il y a plus: mon déménagement effectué, je ne me servirai d'aucune de mes hardes avant de les avoir visitées avec le plus grand soin et les avoir fait nettoyer à fond, de peur de porter avec moi quelque part une de ces petites bêtes dévastatrices.

— Voilà un motif de plus, m'écriai-je en soupirant, pour m'applaudir d'habiter cette terre aimée des dieux !

Et je me rendis au *mess* de mes camarades.

Jamais repas ne m'avait paru plus appétissant. Notre cuisinier semblait s'être surpassé. Au moment où nous prenions place autour

de la table, un bourdonnement se fit entendre,
et chacun se leva aussitôt.

A notre nez, à notre barbe, un petit essaim de
punaises volantes venait de s'abattre sur nos
plats. Or, à peine effleurée par cette mouche de
malheur, qui pullule au Bengale, toute viande,
corrompue aussitôt, contracte une odeur nau-
séabonde. Il fallut donc attendre qu'on nous
eût fait un second dîner.

Dans l'après-midi, j'eus la fantaisie d'assis-
ter à une cérémonie religieuse du pays en
l'honneur de Wishnou et *Doorgah Poujah* Mon
cœur saigna quand je vis immoler à la vilaine
idole des Indiens, — une statue dorée avec quatre bras, — une pauvre jeune chèvre qui avait
bonne envie de vivre. J'eus mes vêtements souil-
lés de la poussière bénite dont j'avais été as-
pergé et je me sentais asphyxié par les émana-
tions puantes de ces fidèles dont le corps était
oint d'huile rance.

De retour à mon logement je perdis coura-
geusement tout mon argent au whist, ce qui
n'empêcha point mes camarades de me faire la
réputation d'une poule mouillée, parce que je
reculais devant une sotte gageure.

Mécontent de moi-même, des autres et de

toutes choses, je gagnai enfin mon lit. Eu
égard à la chaleur intolérable du climat, ma
couchette, comme celle de tout le monde, se
composait seulement d'une natte garnie de
deux draps, laquelle était suspendue par les
quatre coins, aux colonnes d'un bois de lit,
de telle façon que l'on pouvait circuler par
dessous. Au dessus de cette natte était placée,
comme une tente fermée, une sorte de cage en
gaze pour tenir les moustiques à distance, et les
pieds de la couchette posaient dans des ter-
rines pleines d'eau, précaution indispensable
contre les invasions de fourmis.

Au bout de deux heures, une violente cuis-
son au visage me réveilla, et, bientôt à la lueur
de ma veilleuse, je découvris sur mon moustiquaire une petite déchirure que je n'avais pas
remarquée en me couchant.

C'est par ce trou, à peine perceptible, que
l'ennemi s'était introduit dans la place.

Je fus obligé de me lever et de me bassiner
le visage avec de l'eau de chaux, tandis qu'on
me préparait un autre moustiquaire.

J'étais allé m'asseoir dans le jardin de ma
maison, en compagnie de mon hôtesse, qui
avait bien voulu me tenir compagnie afin de

me faire oublier ma mésaventure, lorsque tout
à coup un sifflement se fit entendre devant
nous.

— Grand Dieu ! s'écria mistress Wolff , un
« cobra capella » !

— Qu'est-ce à dire ? comment ? vous cro-
yez?

— J'en suis convaincue : Au secours
l'aide !

J'étais resté saisi d'horreur.

Au même instant trois serviteurs indigènes
accoururent portant des lanternes, et armés de
roseaux. Je m'étais emparé d'un bâton qui se
trouvait à ma portée.

— Où est-il ? Où est le cobra ? demandaient les
domestiques.

— Par là;... dans cette direction , répondit
mon hôtesse.

Nous cherchâmes tous avec les plus grands
soins, sans rien trouver. A la fin, en frappant
avec mon bâton sur un vase dans lequel poussaient des fleurs, je brisai la terre cuite et je

vis un horrible reptile qui se replia sur lui-même comme pour prendre son élan.

Mon pauvre chien fidèle, un élégant terrier, que j'avais emmené d'Angleterre, voyant ce dangereux serpent prêt à se jeter sur moi, voulut l'empêcher d'en rien faire; mais plus prompt que l'éclair, le cobra capella s'élança mordit Toto à la gorge et disparut.

En dépit des recherches les plus minutieuses, il fut impossible de retrouver le cobra capella. Quant à mon infortuné terrier je le vis bientôt expirer sous mes yeux dans les plus horribles convulsions.

Dès le lendemain, je sollicitai mon retour en Angleterre, et aujourd'hui mon plus grand plaisir est de contredire ces voyageurs qui, par sottise, ou par ignorance, vantent avec emphase les délices du Bengale.

LES BANDITS EN ESPAGNE

Tous les lecteurs ont entendu parler de Barcelone, capitale de la Catalogne, l'une des provinces les plus riches, les plus peuplées, les plus belles et les plus industrielles de l'Espagne. Barcelone est digne d'occuper ce haut rang qu'elle a enlevé à Tarragone la Superbe. L'origine de Barcelone remonte à deux siècles et demi avant l'ère chrétienne et son nom lui vient de la famille carthaginoise de Barca, — d'où *Barcina*, — dont Hamilcar, père d'Annibal, était le chef.

S'appuyant aux Pyrénées et formant ainsi une des parties les plus septentrionales de l'Espagne, la Catalogne est une des provinces de l'Espagne dont l'histoire offre le plus de variété et d'intérêt. De la domination carthaginoise, elle passa sous celle des Romains qui la gardèrent très longtemps.

Mais enfin chassés par les Goths, les fils de César durent abandonner leur conquête , laquelle à son tour passa sous les fourches caudines de l'Italie, des Scandinaves, des Asiatiques et des Africains, tous maîtres passagers d'un territoire qu'ils se disputaient avec acrimonie. La Catalogne devint enfin la propriété des Arabes, après la bataille de Xerès la Frontera ; mais le règne de ces nouveaux dominateurs ne fut pas de longue durée. La bataille de Fodiera fit reculer l'invasion arabe qui, après avoir repassé les « marches » des Pyrénées, fut refoulée jusque vers le midi de l'Espagne. Charles Martel avait arrêté le progrés des Maures en France et ce fut encore un prince de sa race qui leur enleva la Catalogne.

Bientôt, après cette délivrance du joug arabe, les Catalans conquirent la Sicile et la Sardaigne, luttèrent avec l'empire d'Orient et s'emparèrent d'une partie de la Grèce. C'est à ce contact, sans doute, que ces peuples furent les rivaux des Maures qui répandirent la civilisation de l'autre côté de l'Espagne.

Les Catalans furent souvent en lutte avec leurs souverains particuliers et la couronne d'Espagne à laquelle ils furent enfin rattachés. Toutes les commotions qui ébranlèrent l'Espagne eurent dans la Catalogne plus de retentissement que partout ailleurs et au XIX° siècle, de nos jours, les *pronunciamentos* politiques qui agitent la Péninsule y font toujours fermenter les passions populaires avec une extrême énergie.

Barcelone a été le champ de bataille où se sont décidées toutes les guerres dans lesquelles la Catalogne s'est trouvée engagée. Cette ville a soutenu plusieurs siéges, dont le plus renommé est celui de 1714, qui fut mis devant cette place par le duc de Berwick à l'époque de la guerre de Succession. L'Espagne s'était soumise à Philippe V et cependant Barcelone tenait encore pour Charles VI, empereur d'Allemagne.

Barcelone est assise sur le bord de la mer, dans une position extrêmement favorable. Les maisons de la ville sont généralement très bien alignées et leur aspect est un peu mauresque.

La vieille ville est très pittoresque. La cathédrale qui date de la fin du XIII° siècle est d'un gothique simple et hardi. On y remarque une crypte très ancienne, où se trouvent, dans un mausolée d'albâtre, les reliques de sainte Eulalie, martyrisée sous Doclétien. La Bourse, bâtie sous le règne de Charles III, se distingue par une noble simplicité ; l'Hôtel de Ville, par son architecture élégante, et la Douane, par la richesse des matériaux employés pour sa construction. Mais le travail le plus imposant que l'on admire à Barcelone, c'est la digue — *la muraille de la mer* — destinée à défendre le port contre les ensablements. En somme, Barcelone est une des fortes places de l'Espagne.

Barcelone compte plusieurs manufactures de drap, de velours, d'étoffes de laines, de soieries, de toiles peintes, d'armes à feu, d'armes blanches, et, malgré les difficultés de son port, que les rivières Lobregat et Bessos encombrent de sable, malgré la muraille de la mer qui resserre l'entrée de ce refuge maritime, plus de deux mille navires encombrent annuellement son port. Le mouvement maritime, commercial et industriel appelle si continuellement la population dans la ville et Barcelone, renferme en elle-même tant de conditions de prospérité, que malgré les désastres que la guerre civile et la guerre étrangère ont fait peser sur elle depuis le commencement du siècle, malgré les horribles ravages que la peste y fit en 1821, elle compte plus de 200,000 habitants.

Barcelone est le refuge de tous les déclassés de l'Espagne et par conséquent on peut dire se qu'il trouve dans cette ville un noyau de gens capables de toutes les entreprises audacieuses, de tous les coups de main énergiques, de toutes les conspirations ayant un but politique ou particulier.

Dans ce dernier genre on peut citer l'agression à main armée dont viennent d'être victimes les voyageurs qui avaient quitté Barcelone dans la nuit du 6 au 7 juin, en route pour se rendre à Perpignan.

L'express parti à dix heures vingt-cinq minutes du soir allait sortir de de la station de San-Padrès, un des faubourgs de Barcelone situé à 15 kilomètres de la mer, quand, au grand étonnement des voyageurs, la machine ralentit sa marche et s'arrêta sans cause connue.

Les voyageurs ne savaient que penser de ce retard inexplicable et inexpliqué, lorsqu'une femme exprima tout haut sa pensée qu'il se pourrait bien que des voleurs eussent arrêté le convoi.

Hélas ! rien n'était plus vrai, car au même instant une voix du dehors cria aux passagers en pur catalan :

— Déposez vos armes immédiatement. Celui sur qui j'en trouverai, je lui brûle la cervelle.

Et sans donner le temps d'exécuter cet ordre un individu habillé convenablement en ouvrier, foulard autour de la tête, revêtu d'une blouse bleue, le visage recouvert d'un masque noir, se précipita vers le premier wagon, armé d'un de ces fameux *trabucos* à gueule évasée, de sept à huit centimètres de diamètre, et prêt à faire feu sur le premier récalcitrant.

— Remettez-moi votre argent, vos bijoux et tous les objets de valeur que vous possédez, dit alors le bandit aux voyageurs, et surtout ne cachez rien, car je vais vous fouiller et celui sur qui je trouverai la moindre chose sera aussitôt passé par les armes.

L'on s'imaginera sans peine quelle fut la terreur des personnes qui se trouvaient dans le convoi ; les femmes, les enfants poussaient les hauts cris ; les hommes n'osaient pas bouger.

Au même instant, une cinquantaine d'hommes s'étaient précipités comme un ouragan, armés de poignards et de revolvers, sur les marchepieds, avaient ouvert les portes et se précipitaient dans l'intérieur des wagons,

Quelques coups de feu avaient d'abord été tirés en l'air, et les voyageurs ayant mis le nez aux portières avaient pu à peine se rendre compte de ce qui se passait, tant la nuit était sombre. L'on ne distinguait réellement rien dans la campagne endormie.

Enfin on se rendit compte de la situation. Toute velléité de résistance était impossible, car chaque wagon était gardé soigneusement par les bandits. Il ne restait qu'à s'exécuter. Argent, montres, bijoux, menus objets de valeur, ils exigeaient tout, la menace à la bouche. Aux yeux de ceux qui faisaient les récalcitrants, ils faisaient briller l'acier de leurs armes.

« Pour moi, dit un des témoins de la scène, je me vis forcé de remettre au bandit qui se présentait comme « fouilleur » et le « caissier de la bande », ma bourse et celle de ma nièce qui contenaient trois cents francs, ce qui n'empêcha point que je fusse fouillé avec le plus grand soin. Comme il me restait au fond de la poche de mon gilet huit *cuartos* (4 sous) dont je n'avais pas cru devoir faire offrande au bandit « dévaliseur », je fus fort malmené et celui-ci me dit quand je réclamai près de lui, « que je pourrais bien me faire prêter de l'argent par mes amis ou mes « parents ».

J'eus beau lui assurer que je conservais cette menue monnaie pour prendre un verre d'anisette, afin de me remettre de la frayeur que j'éprouvais en ce moment, le voleur répéta qu'il n'entrait pas dans ces détails et qu'il lui fallait beaucoup d'argent pour payer sa troupe. »

Après les hommes, on fouilla les femmes moins sérieusement peut-être qu'on n'avait fait pour leurs maris, puis on visita les bagages.

Le pillage dura une heure et quart et il se fit sans précipitation, avec une méthode particulière.

Enfin un coup de pistolet retentit au loin, — un signal sans doute, — car toute la bande s'empressa de détaler, en abandonnant, à regret sans doute, un wagon de première classe où elle comptait faire une riche capture.

Vers une heure et demie du matin, le train allégé de tout ce qu'il avait de valeurs, rétrogradait vers Barcelone et rentrait dans la gare de cette ville, au grand ébahissement des chefs de la station et de leurs employés.

Il paraît que pour mener à bien leur entreprise, les bandits espagnols s'étaient emparés du garde de la voie et, après lui avoir garrotté les pieds et les mains, l'avaient attaché à un poteau, puis ils avaient mis en évidence le fanal vert, indicateur d'un danger sur la ligne.

En présence de ce signal, le mécanicien avait naturellement ralenti la marche du convoi et les bandits avaient pu se jeter sur le tender, s'emparer du mécanicien, le maintenir, le garrotter et procéder aux autres arrestations.

Revenus à Barcelone, les volés apprirent de la bouche même du chef de gare que le train ne repartirait que le lendemain, et que les billets seraient valables pour ce second voyage, triste mais juste consolation après une aussi fâcheuse mésaventure.

On croirait peut-être que la police, avertie de ce qui venait de se passer, s'émut et se mit en campagne. Point du tout. Il n'y eut pas même un semblant d'enquête. On ne demanda aux voyageurs ni quelles sommes leur avaient été volées ni, quels bijoux avaient été dérobés. On ne prit pas le moindre renseignement qui pût aider à la recherche des bandits.

Seuls, quelques *carabineros* et *guardias civiles* questionnèrent, par simple motif de curiosité, les malheureux voyageurs afin de connaître les péripéties du drame, et pour pouvoir en colporter les détails à la caserne ou aux cafés de la ville.

Du reste, ce n'est pas la première fois que pareil fait se présente en Espagne. En 1869, un train fut arrêté à la station de Beatin, sur la ligne d'Irun à Madrid, et les choses se passèrent absolument de la même façon. Il paraît que ces arrestations à main armée sont stéréotypées dans la Péninsule, aussi bien que dans toutes les parties du monde. Si ce ne sont pas les mêmes hommes, ce sont les mêmes moyens.

Un masque sur le visage, des *trabucos* ou des revolvers, un coup de main hardi sur les employés d'une station afin d'arrêter le train, ou bien des billes de bois placées en travers sur les rails pour faire démarrer les roues : la farce est jouée !

Après cela, il ne faut plus que de l'audace et, le diable aidant, messieurs les bandits, à quelque nationalité qu'ils appartiennent, n'en manquent pas.

C'est égal : aux Espagnols le pompon !
Ils sont passés maîtres dans ces jeux de
hasard !

LE PYTHON DU LAC FEZZARAH

Depuis le serpent de Régulus qui désolait les marais des possessions carthaginoises en Afrique et qui fut tué par cet audacieux chasseur de l'antiquité, on ne connaissait pas, sur les domaines conquis par la France, et sur les possessions barbaresques, de monstre qui rappelât celui dont l'histoire nous avait gardé le souvenir.

Ce que les anciens appelaient des monstres, des dragons, des divinités même, étaient tout simplement d'énormes ophidiens venus on ne sait d'où, — des déserts libyens, sans doute, qui leur servent de demeure habituelle, car personne n'ignore que le serpent, à quelque espèce qu'il appartienne, redoute le froid qui l'engourdit et ne se remue, n'agit et ne se montre redoutable, que dans les pays équatoriaux.

Il y a des serpents dans toutes les parties du monde, mais chaque grande division terrestre semble avoir ses variétés distinctes. C'est ainsi que les serpents pythons se rencontrent en Asie et en Afrique ; les boas dans l'Amérique du Sud ; les crotales ou serpents à sonnettes et beaucoup d'autres espèces venimeuses, dans les deux vastes continents de l'Amérique du Sud et de l'Amérique du Nord.

Il est de ces animaux qui recherchent les endroits boisés, couverts, humides ; il en est d'autres qui ne se plaisent que parmi les sables brûlés par la chaleur solaire. Les espèces à venin sont plutôt communes dans les endroits dénudés, chauds et secs, que dans les lieux froids et humides. Enfin quelques serpents vivent seulement sur le bord de l'eau et au sein des mers de tous les coins du monde.

Du nombre de tous les ophidiens, le plus grand, le plus monstrueux est le python dont la longueur varie de cinq à six mètres et la grosseur de quarante à cinquante centimètres de circonférence.

La tête de ces serpents géants est d'une forme triangulaire, leurs yeux dépourvus de paupières paraissent immobiles, ce qui donne à leur regard cette fixité à laquelle on a longtemps attribué un pouvoir fascinateur sur les animaux et les oiseaux qui passent à leur portée. La bouche très grande de ces reptiles, est, en outre, très dilatable, à cause d'une disposition particulière des muscles et des nerfs qui font mouvoir les mâchoires. Celles-ci sont armées de dents aiguës — et chez plusieurs espèces, de dents creuses ou crochets renfermant le venin. La langue est longue, très extensible, mais ne lance jamais le venin, comme on se l'est trop longtemps imaginé.

Les ophidiens se nourrissent presque tous de proies vivantes et engloutissent dans leur gueule des animaux toujours plus gros qu'eux-mêmes. Mais avant de les avaler, ils les brisent en les enserrant dans les redoutables replis de leur corps, les broient, les réduisent pour ainsi dire en une pâte qu'ils humectent de leur bave gluante. Pendant leur digestion, ils tombent dans une somnolence léthargique qui les prive d'une manière absolue de leurs moyens d'attaque et de défense.

C'est ce moment que les nègres choisissent

pour tuer les plus grands de ces reptiles en leur passant un lacet autour du cou et en les suspendant à un arbre. Ils les ouvrent alors du haut en bas afin de leur arracher la peau, comme ils le feraient à une anguille, ils les dépècent et se nourrissent de leur chair.

Cet état de léthargie temporaire se produit chez les serpents à l'époque de leur repas, époque qui se représente au plus deux fois par mois, et ensuite pendant la mauvaise saison, qui est l'hiver dans nos climats du nord, et celle des pluies, sous la zone torride. Certains de ces animaux passent alors leur temps dans la vase où ils restent enfouis, ou bien cachés dans quelque retraite obscure, souvent seuls, mais plus fréquemment enlacés les uns sur les autres.

C'est quelque temps après leur réveil qu'ils donnent naissance à leurs petits, qui voient le jour, selon les espèces, tantôt tout formés, tantôt sortant des œufs que la chaleur du soleil fait éclore.

A une force réellement prodigieuse les grands ophidiens joignent une extrême agilité, car ils grimpent aux arbres, s'élancent d'un bond sur leur proie, et, pour guetter, surprendre les gazelles ou autres animaux qu'ils convoitent, s'enroulent sur eux-mêmes, se rapetissent et réduisent considérablement leur volume. Tout à coup, lorsque le moment leur paraît favorable, ils se détendent comme un ressort d'acier fortement tendu, et s'élancent à une distance considérable, ou à une grande hauteur.

Ce qui précède m'a paru intéressant pour arriver au récit de l'énorme serpent qui vient d'être tué sur les bords du lac Fezzarah, une des plus vastes nappes d'eau qui se trouve entre l'Algérie et la Tunisie.

Depuis longtemps les Arabes pasteurs, qui bivouaquaient sur les bords du lac, se plaignaient de la disparition d'agneaux et de chevreaux qui manquaient à l'appel, le soir, quand on comptait les têtes du cheptel

Un matin, un jeune nègre vint, tout effaré, raconter à son maître sidi Abdel-Aram, qu'il avait vu une grosse bête emporter sur les eaux du Fezzarah un agneau, qui était venu au monde la nuit précédente.

Quel pouvait être cet animal? On se mit en embuscade et l'on aperçut le troisième jour un énorme python qui maraudait dans les joncs du palud qui entoure le lac, en quête de quelques couvées de canards, voire même d'œufs à couver, ou déjà couvés.

Comment faire pour s'emparer du serpent, car c'était infailliblement lui qui dévastait le pays et diminuait les têtes de bétail ?

Le tuer à coups de fusil paraissait très difficile et il y avait de nombreuses chances d'être broyé et meurtri, sinon étouffé par l'horrible ophidien.

Le chef arabe, sidi Abdel-Aram recourut à un moyen plus sûr et qui peint bien les mœurs de ces populations superstitieuses.

Deux indigènes, réputés grands charmeurs de serpents, c'est-à-dire ayant reçu de sidi Aïssa le don d'invulnérabilité, et de toute-puissance à l'endroit des reptiles les plus terribles, s'éloignèrent un matin du douar, munis, l'un d'une flûte en roseau, l'autre de son biniou arabe. Ils se dirigèrent vers le lac de Fezzarah, n'emportant pas d'autres armes que ces instruments obligés de leur profession.

Le soleil commençait à darder des rayons perpendiculaires mais doux, quand ils parvinrent dans le voisinage d'une haie profonde où le serpent avait été vu, cinq jours auparavant.

Une multitude d'oiseaux aquatiques des plus variés s'ébattaient sur ses eaux calmes et profondes, mais le bruit de ces pas insolites provoqua un plongeon immédiat, et une volée rapide chez toute la gent palmipède.

Les deux Arabes, après une brève invocation à leur patron Sidi Aïssa, approchèrent de leurs lèvres leurs instruments de musique et firent retentir l'espace de cette mélodie rêveuse et monotone, particulière aux peuples restés dans l'enfance de l'art.

Soudain un remous se forma à la surface de l'onde ; il s'étendit, s'élargit encore et les virtuoses continuèrent à souffler avec plus de force et à longer le rivage dans la direction du mouvement qui s'opérait sur l'eau.

A un moment donné, ils aperçurent au milieu du tourbillon un bec de canard, puis le palmipède tout entier : il était suivi de trois autres de ces volatiles, de deux flamants et de plusieurs grèbes cornus.

Grande fut la désillusion des charmeurs, mais ils n'en continuèrent pas moins à souffler.

Les deux Arabes étaient-ils pénétrés de l'histoire d'Orphée apprivoisant les animaux féroces ? Avaient-ils une foi absolue dans leur invocation à Sidi Aïssa ? Etaient-ils simplement sûrs, par expérience, du charme de leurs mélodies ? quoi qu'il en fût leurs désirs se réalisèrent.

Tout à coup une tête longue et triangulaire, large et plate, surmontée de deux yeux ronds et flamboyants émergea lentement de l'onde. Il n'y avait pas à s'y méprendre : c'était bien la tête d'un serpent qui devait être gigantesque ; mais le corps restait caché et rien ne faisait présumer qu'il allait sortir de l'eau. Ce n'était ni plus ni moins qu'un monstre livré à l'extase et se tenant immobile, par cette même raison.

Un des joueurs arabes, eut alors l'idée d'éloigner quelques instants la flûte de ses lèvres et se penchant à l'oreille de son camarade, il lui dit :

— Retirons-nous un peu du rivage, de cette façon le serpent viendra sur la terre.

En effet, ils avaient à peine fait vingt pas à reculons, tout en jouant de leurs *syrinx* que le reptile à qui les sons n'arrivaient plus que graduellement affaiblis, s'ébranla, traçant un large sillon écumeux et dévoilant parfois une partie de son énorme corps. Il arriva ainsi jusqu'au bord et s'arrêta, semblant résolu à ne pas quitter son élément habituel.

Les deux Arabes, firent halte pour reprendre haleine ; puis, un moment après, sentant leurs poumons ravivés, ils reprirent leur marche à pas lents en continuant leur improvisation musicale.

L'hôte du lac Fezzarah comme sollicité par une force irrésistible et magnétique, développa ses nombreux replis et terrifia les adeptes de Sidi Aïssa par la vue de ses proportions colossales.

Ils se disposaient déjà à se dépouiller de leurs vêtements et particulièrement de leur burnous qu'ils voulaient jeter sur la tête du python, lorsqu'un coup de feu retentit.

Ils se retournèrent et virent un Européen qui relevait une carabine. La fumée qui sortait du canon leur fit comprendre que ce chasseur était l'auteur de cette tentative qui pouvait leur être fatale.

Par bonheur, le serpent avait fait volte face et s'était rapidement reployé dans les eaux du lac.

L'absence de toute trace de sang prouvait que l'ophidien n'avait point été atteint.

Après avoir maugréé quelques instants contre le « chien de chrétien » qui avait dérangé leurs plans, les deux Arabes revinrent au douar et racontèrent à Sidi Abdel-Aram ce qui s'était passé.

Celui-ci, après les avoir écoutés avec la plus grande attention, leur dit que comme ils avaient réussi à faire sortir des eaux le python qui décimait ses troupeaux, il allait songer à organiser une partie de chasse, dont ils seraient les chefs, se réservant, lui, de terminer en drame la petite opérette qui en serait le prélude.

Dix jours après cet événement, Sidi Abdel-Aram, accompagné des deux Arabes, qui n'avaient pas oublié leurs instruments, partit en excursion de chasse avec trois de ses parents, les plus habiles tireurs de son douar. Ils avaient pris leurs armes de précision, des carabines anglaises achetées par eux à Tunis, dans le grand bazar de la ville.

Arrivés sur les bords du lac Fezzarah, toute la petite troupe explora les abords du marécage et finit par découvrir les traces récentes

du sillage du grand python, dans la boue et au milieu des roseaux.

Les trois tireurs se placèrent dans des embuscades naturelles, l'un derrière le tronc d'un grand figuier; l'autre à l'abri d'une roche; le troisième dans un trou qu'il se creusa dans le sable.

Lorsque tous ces préparatifs furent terminés, Sidi Abdel-Aram donna le signal.

Les deux joueurs de flûte et de biniou, commencèrent alors leur incantation. Une heure s'écoula, pendant laquelle aucun mouvement ne se fit sur la surface du lac dont les eaux étaient à peine ridées par le souffle de la brise.

Tout à coup, sur la gauche de la baie, du côté où Sidi Abdel-Aram se tenait caché, un remous violent se manifesta; une tête monstrueuse surgit violemment au niveau de l'élément agité. C'était le python géant qui accourait au bruit mélodieux des deux instruments dans lesquels soufflaient les disciples de Sidi Aïssa.

Comme la première fois, les deux Arabes pour amener le serpent sur la terre, s'éloignèrent lentement et le grand ophidien sortit du marécage, ondulant et balançant sa tête à deux mètres au dessus du sol.

Il se trouvait à peu de distance des trois tireurs qui se levèrent tout à coup et firent feu simultanément.

Le monstre frappé en plein corps par six chevrotines, vacilla un instant, fit un bond terrible et tomba lourdement par terre, se livrant à des convulsions vertigineuses.

Il se raidit enfin; il était mort.

Les heureux vainqueurs du Python de Fezzarah purent alors s'approcher sans danger, et contempler leur victime. Le reptile mesurait cinq mètres de la tête à la queue et son corps avait soixante-trois centimètres de largeur.

La dépouille de cet énorme serpent, convenablement séchée et bourrée de fougères, a été portée il y a un mois au marché de Tunis et achetée par un Anglais qui veut en faire hommage au « Zoological Garden » de Londres.

ASSIÉGÉ PAR UN RHINOCÉROS

Jusqu'au commencement du siècle dernier, le rhinocéros, qui est, après l'éléphant, le plus puissant des animaux, a été presque inconnu en Europe. Le premier qui ait paru est celui dont Pline le Jeune fait mention en racontant quand et comment il fut présenté au peuple romain par Pompée.

Auguste, si l'on s'en rapporte aux récits de Dion Cassius, en fit tuer un autre dans le cirque, lorsqu'il célébra son triomphe sur Cléopâtre. Sous Domitien, on amena à Rome deux rhinocéros qui firent l'étonnement de la population et dont les médailles de cet empereur portèrent l'effigie.

En 1553, un rhinocéros fut envoyé de Judée au roi de Portugal Emmanuel ; celui-ci l'adressa au pape, mais il périt en route avec le bâtiment qui le portait. En 1685, on conduisit un de ces animaux en Angleterre, et en 1739 et en 1741 on vit dans plusieurs royaumes d'Europe deux de ces pachydermes promenés par des montreurs de bêtes.

Depuis cette époque, les pachydermes de cette espèce ont été importés en Europe par de nombreux voyageurs, et l'on en trouve de très beaux spécimens dans les ménageries de toutes les grandes villes du monde civilisé.

Le rhinocéros parvenu à toute sa croissance a quatre mètres de long sur deux mètres environ de haut, et la circonférence de son corps est presque égale à sa hauteur. Il est très bas sur pattes ; sa tête tient à la fois de celle du cochon, du cheval et de la vache, car elle offre à l'observateur la forme de l'œil du premier de ces animaux, celle du naseau du second et de la lèvre inférieure du troisième. Cette bête sauvage se distingue par un organe qui lui est particulier, sa lèvre supérieure, qui s'allonge en pointe et remue à volonté: il s'en sert pour tordre des poignées d'herbages et pour arracher des racines. Cette lèvre sert au rhinocéros comme la trompe à l'éléphant ; sans elle, il serait privé du toucher.

La peau du pachyderme, dépourvue de poil, est si rude et si épaisse qu'il ne peut la froncer et qu'il aurait peine à se mouvoir si la nature n'avait ménagé de gros plis à divers endroits, comme jadis on laissait des ouvertures dans les armures de fer des anciens chevaliers.

Le nez du rhinocéros est armé d'une corne redoutable, légèrement recourbée en arrière. Cette corne lui sert à se défendre, à labourer la terre pour en tirer les racines dont il fait sa nourriture, ou bien pour déraciner les arbres.

Avec tant de force et d'avantages, l'animal dont il s'agit dans cet article serait un des plus redoutables de la création, s'il n'en était en même temps un des plus pacifiques. Comme tous les herbivores, il ne devient furieux que lorsqu'il est attaqué, et lorsque la faim le presse. On le voit alors bondir avec fureur, s'élancer en sauts impétueux et se précipiter droit devant lui avec une si grande vitesse qu'il renverse tout ce qui s'oppose à son passage ; s'il atteint son ennemi, il le foule aux pieds avec rage ; s'il le manque du premier coup, il ne peut revenir sur ses pas, emporté qu'il est par l'impétuosité de sa course.

Le rhinocéros est d'une intelligence bornée, d'un caractère brusque et intraitable. Tantôt il a la douceur, l'indifférence de l'idiotisme ; tantôt il se livre à des accès de fureur que rien ne peut calmer. Cette masse immense devient alors d'une effrayante légèreté ; elle franchit un espace à peine croyable d'un seul bond, se livre à droite ou à gauche à des mouvements désordonnés et s'élève à une hauteur considérable. En résumé le rhinocéros est farouche, indomptable ; il est féroce par stupidité, capricieux sans motifs et irritable sans sujet. Il est solitaire et sauvage : on le voit rarement en compagnie. Il suit de préférence le bord des fleuves et se roule avec délices dans la vase des marécages, comme pour mieux amollir le cuir qui le couvre. Il se nourrit de plantes grossières, de genêts, d'arbustes épineux, de racines et de feuillages, et consomme près de quatre-vingts kilos de nourriture par jour, en buvant une quantité d'eau considérable.

Les Indiens donnent la chasse aux rhinocéros, non seulement pour avoir sa peau, — dont ils font des boucliers impénétrables, — mais encore pour s'emparer de sa corne qu'ils estiment beaucoup. Ils s'imaginent qu'une coupe faite avec cette matière possède la vertu de détruire les effets du poison qu'on y aurait versé, et qu'une liqueur qu'on y dépose acquiert des propriétés miraculeuses pour guérir un grand nombres de maladies. Comme cet animal aime beaucoup la canne à sucre, le maïs, le sorgho et autres plantes cultivées, il se jette, la nuit, dans les champs et y fait d'énormes dégâts. Les chasseurs, ayant remarqué qu'il suit à peu près la même route pour sortir ou rentrer chaque nuit dans son fort, creusent des fosses sur son passage, et comme l'animal est plus stupide que rusé, il tombe facilement dans le piége. On l'assassine alors à coups de fusils, de flèches ou de lances.

Les ossements fossiles antédiluviens ont révélé aux savants l'existence de plusieurs espèces perdues de rhinocéros. Cuvier, l'une des gloires de la France, a découvert et prouvé que ceux trouvés à plus ou moins de profondeur sous terre, en Sibérie, en Allemagne, en Angleterre, étaient des ossements de rhinocéros. En 1771, on trouva enseveli dans les sables, sur les bords du Wilusi, en Russie, le cadavre de l'un de ces animaux parfaitement conservé. La chair et les poils étaient intacts. Ces faits extraordinaires et incontestables donnent à penser qu'avant le déluge les rhinocéros de haute taille étaient fort répandus sur la surface de l'Europe; la fourrure dont on a trouvé les traces indique qu'alors ils pouvaient vivre dans un climat froid. Aujourd'hui, on ne rencontre plus le rhinocéros que dans les climats brûlants de l'Inde ou du sud de l'Afrique.

Nous transporterons donc nos lecteurs dans les contrées du Bogo, dans l'Afrique centrale, pour leur raconter une chasse dont un de nos amis nous a apporté le récit :

« Un soir, le domestique de notre camp vint nous prévenir qu'il avait découvert un *spoor greed one horn skellum* — lisez : la piste d'un gros coquin de rhinocéros — dans les fanges d'un marécage nommé Hollow Spring. Ce devait être, suivant la façon de voir du négrillon, un énorme mâle de toute venue, un vrai gibier de chasseur.

« — Vous avez là une chance excellente pour faire un début grandiose, me dit mon compagnon de voyage, M. Davidson, un Anglais ayant passé déjà dix ans sous le ciel brûlant africain et qui était blasé sur toutes les aventures de ce genre. Prenez une de mes carabines à deux coups, une poignée de mes balles explosibles, et partez. Bonne chance ! Je vais vous accompagner, ne fût-ce que pour jouir de votre triomphe. D'ailleurs vous courriez les plus grands dangers en vous aventurant tout seul dans ces buissons épais. Notre négrillon viendra avec nous. C'est bien le diable si nous ne mettons pas par terre la bête brute qui a été assez audacieuse pour se risquer si près de nous !

« Nous achevâmes notre souper, et, après avoir fait nos préparatifs, nous nous mîmes en route, éclairés par un superbe clair de lune. Le négrillon nous emmena à l'endroit même où nous devions nous poster à l'affût, mais la nuit s'écoula sans que rien passât à la portée de nos armes à feu. Le soir suivant, nous revînmes encore à la même place ; le résultat fut le même. Mon camarade se dépita et prétendit que le négrillon s'était moqué de nous.

« — C'est bien, pensai-je à part moi ; je n'abandonne pas la partie ; je reviendrai seul. »

« Il faut vous dire que le *Hollow-Spring* où le rhinocéros venait se désaltérer et s'ébaudir dans la boue était situé à deux lieues de notre campement, au fond d'une vallée profonde et d'un aspect des plus sauvages. L'étang s'y trouvait adossé du côté gauche à la base d'une muraille de rochers taillés à pic, du haut desquels on pouvait très bien dominer la situation et être en parfaite sûreté.

« Lorsque tout le monde fut couché dans le campement, je me glissai doucement hors de la tente, et m'en allai en emportant la carabine à deux coups de mon ami, avec les balles explosibles à pointes d'acier dont j'avais besoin pour tirer sur la bête. J'avais adopté un coussinet à la crosse du fusil, afin d'amortir les effets du recul.

« Je sortis de l'enceinte avec les plus grandes précautions et me jetai à travers bois, sans me soucier des épines qui me déchiraient les mains et le visage, car le *chapparal* africain semble hérissé d'hameçons et de lames de canif bien faits pour déchiqueter la peau de ceux qui se risquent à le traverser. Les Anglais appellent ces ronces les *Wait a bit*, ce qui veut dire: Attendez un peu. En effet il faut aller doucement, afin de ne pas sortir en pièces du bois où l'on s'est empêtré.

« Bref je parvins après bien des efforts à l'endroit où je devais attendre le passage du monstre. Là je m'aperçus seulement que j'avais perdu le coussinet de ma carabine. Il était impossible de songer à retrouver cet appendice. Je suppléai à cette perte par un coussinet de mon invention : mon mouchoir rempli d'herbes sèches.

« La lune venait de se lever au dessus des astres, lorsque j'entendis un trot bruyant dans le lointain. J'étais immobile et je prêtais l'oreille : on eût dit qu'un éléphant faisait retentir le sol sous ses pas ; seulement sa course était plus rapide Il ne me fallut pas attendre bien longtemps pour apercevoir une masse roulante qui se tenait à cinquante pas de l'autre côté du Hollow-Spring.

« Je visai rapidement et je pressai la détente. Mais le recul de l'arme à feu de mon ami fut tel qu'il me sembla, pendant quelques instants, que j'avais l'épaule démise.

« Lorsque je pus me rendre compte de la situation et que je jetai les yeux autour de moi, j'entrevis le rhinocéros à cinq mètres, se précipitant à ma rencontre, la tête baissée, sa corne pointue prête à m'embrocher. La position était perplexe : je n'avais que deux partis à prendre, ou de me jeter à l'eau, au risque de me noyer, ou de me hisser sur un arbre ; c'est à ce dernier moyen que j'eus recours.

« Avec la souplesse d'un acrobate, je sautai et je saisis une forte branche d'arbre qui se

projetait hors du tronc d'un chêne moussu,
et en peu d'instants j'eus atteint un endroit
assez élevé pour défier les attaques de l'animal,
qui cherchait à entamer l'écorce de l'arbre
dans lequel je me tenais immobile.

« Je savais bien que la bête brute ne parvien-
drait jamais à déraciner le chêne, mais les
secousses qu'elle imprimait à ce tronc ver-
moulu me faisaient redouter une chute. Le
rhinocéros, lorsqu'il fut convaincu que je
défiais son attaque, se mit à creuser la terre
avec ses ongles et sa corne: j'avoue que j'avais
peur.

« Je me trouvais réellement engagé dans
une aventure du nombre de celles qui sont
racontées par les grands voyageurs, aventures qui vous intéressent quand on en lit les
récits, mais qui offrent moins d'agrément
lorsqu'on en est le héros.

« Ma carabine était restée par terre et je me
voyais sans défense: je n'avais, hélas! pas la
moindre corde sur moi pour essayer de
« pêcher » mon arme et l'amener jusqu'à moi.
Il fallait donc attendre.

« — Peut-être, me disais-je, ce maudit animal se lassera-t-il et rentrera-t-il dans le

bois ; je profiterai alors de cet abandon pour descendre et pour reprendre ma carabine : qui sait si je ne pourrai pas aussi me jeter dans le fourré et disparaître à ses regards ? »

« Mais la bête en furie ne me paraissait pas disposée à abandonner ainsi une vengeance qui lui paraissait certaine. La nuit s'écoula de la sorte, mais d'une longueur sans pareille dont les minutes me semblaient avoir la longueur des heures.

« Tout à coup j'entendis une détonation au milieu du fourré, à une très petite distance de l'arbre sur lequel je me tenais perché. J'appelai à mon aide et je vis bientôt, à ma grande joie, mon camarade et ami qui me regardait en éclatant de rire.

— J'arrive à propos, me dit-il, pour vous délivrer du siége que vous subissiez. Votre ennemi est mort, mon cher ; j'ai trouvé sur sa peau la trace de votre balle qui n'avait pas éclaté ; mon coup a été plus heureux : je lui ai fait à la tête une crevasse où l'on passerait le poing et il est tombé foudroyé. Allons ! mon bon, ce sera votre tour une autre fois. Je m'estime heureux de vous retrouver vivant : votre escapade vous apprendra qu'en ce pays on ne doit jamais s'aventurer seul. »

« J'avouerai, ajoutait le narrateur dont j'ai retracé la périlleuse rencontre avec un rhinocéros, que depuis ce temps-là je me le suis tenu pour dit. »

LA PÊCHE DES PERLES

La perle — que nos lecteurs veuillent bien nous permettre de le leur redire — est le produit de la sécrétion nacrée de quelques huîtres, qui, pour se débarrasser d'un insecte qui veut pénétrer à travers leurs écailles, dans l'intérieur de leur valve, enveloppent à l'aide de cette exsudation ces objets qui les gênent ou les menacent. Si l'on coupe une perle en deux, on reconnaît qu'elle est formée de couches concentriques et l'on trouvera, au milieu, le corps étranger qui en a déterminé la formation.

C'est pour cela que l'industrie humaine s'est ingéniée à produire des perles, et, pour arriver à ce résultat, il a suffi d'altérer, en les piquant, certaines coquilles, et, dès lors, l'animal, sentant la nécessité de réparer sa maison, accumule à l'endroit où le dégât est commis la matière calcaire que sécrète son manteau. L'abondance de cette matière produit alors une callosité qui devient une véritable perle. Les Indiens connaissent ce moyen factice de produire des perles et ce procédé est encore employé en Allemagne, le long des grands affluents de la rive gauche du Rhin, où l'on a essayé de parquer des coquillages perliers pour les exploiter régulièrement.

Les huîtres se nomment des *pintadines* ou mère-perles, et elles produisent énormément dans certains pays. Ce sont elles, d'ailleurs, qui donnent les meilleures et les plus belles perles, celles dont le prix est élevé à cause de leur régularité et de leur grosseur.

On trouve également ces jolis globules dans les coquillages nommés « avicules », « patchés » et « héliolides ». Ces dernières mêmes offrent aux yeux des couleurs irisées très estimées.

Il y a des pêcheries en Amérique, aussi bien que dans les Indes. Dans ces derniers parages, c'est sur la côte de Ceylan que l'art de pêcher les perles est connu depuis la plus haute antiquité. Cette occupation commence en février et finit en avril. Le pêcheur, muni d'un filet en forme de sac et lié par une corde, plonge au fond de la mer, remplit son filet de coquilles et, après deux ou trois minutes, donne le signal pour qu'on l'aide à remonter. Il reparaît alors à la lumière, en rendant quelquefois le sang par le nez et les oreilles. Chaque plongeur renouvelle jusqu'à cinquante fois par jour cette opération.

On rassemble les coquilles sur des nattes entourées de palissades, et, quand la chair est morte et tombe en putréfaction, on se met à la recherche des perles.

A Condalchy, dans le golfe de Mannuar, de l'île de Ceylan, se trouve la plus importante pêcherie de perles. Elle couvre un espace de vingt milles, et ce banc d'huîtres est mis en coupe réglée, comme le serait une forêt sur notre continent, ou comme le sont les bancs de coraux sur la côte de Sicile. Il est partagé en sept parties que l'on exploite successivement chaque année. On a calculé que les bivalves d'où l'on extrait les perles atteignent toute leur grandeur dans cet espace de temps et que si on les laissait plus longtemps, les perles leur deviendraient incommodes au point qu'ils les expulseraient de leurs coquilles.

Toutes les barques que l'on emploie à la pêche doivent être autorisées par le gouvernement, à qui elles ont payé un droit. Elles se rassemblent au jour convenu, vers dix heures du soir, dans la baie de Condatchy, afin de partir de conserve pour se trouver à la pointe du jour sur le banc, où se fait la pêche. Chaque barque, outre le patron, est montée par vingt hommes, dont dix rameurs et dix plongeurs. Ceux-ci, qui se sont habitués à ce métier dès l'enfance, viennent en général de Colang, sur la côte de Malabar, et de l'île de Magyar. Ils se partagent en deux bandes égales en nombre qui plongent et se reposent alternativement.

Les plongeurs, armés d'un sac, comme je l'ai déjà dit, se suspendent à une corde attachée à leur ceinture et terminée par une pierre, et, le long de la gâche, est fixée par quelques anneaux cousus dans la corde même une seconde corde amarrée à la barque, au moyen de laquelle ils indiqueront le moment où il faudra les aider à remonter.

Au moment de plonger, le pêcheur prend entre les doigts de pied la corde au bout de laquelle est la pierre et saisit la corde d'appel de la main droite, tandis qu'il se bouche les narines avec la main gauche.

Au bout de deux, de quatre, de cinq et même de six minutes, — ce qui est fort rare et dépend de l'habileté du plongeur, — celui-ci se fait remonter, en tirant sa corde d'appel, par les hommes qui se tiennent toujours en éveil sur les bords de l'embarcation. Chaque plongeur peut répéter cinquante fois par jour la même opération. La pêche continue ainsi depuis le lever du soleil jusqu'à midi ; à ce moment, un nouveau coup de canon avertit les barques qu'il faut revenir au point du départ. Là, les propriétaires de la pêche ou du gouvernement font déposer les coquilles dans des espèces de puits d'un ou deux pieds de profondeur, ou bien encore sur des nattes entourées de palissades.

Après quelques temps, lorsque les mollusques sont morts et que l'on juge à propos l'ouverture de leurs coquilles, on cherche alternativement dans celles-ci et dans l'animal lui-même, — c'est-à-dire dans les lobes de son manteau, quelquefois même en le faisant bouillir, — les perles qui pourraient s'y trouver. On choisit, en outre, les plus belles coquilles propres à fournir la nacre et on laisse le reste. Quant aux perles adhérentes à la coquille, on les détache et ensuite des ouvriers les arrondissent les polissent à l'endroit de leur adhérence, au moyen d'une poudre fournie par les perles elles-mêmes.

Il faut environ sept cents quintaux de coquilles pour obtenir une livre de perles. Dix livres
de perles annuelles représentent donc 7,000
quintaux de coquilles. Mais il y a tant de
plongeons inutiles, de déboires et de non
valeurs, qu'il faut compter avec cette pêche aux
huîtres perlières. Quelques plongeurs peu
honnêtes ont trouvé le moyen d'ouvrir des hui-
tres au fond de la mer, d'en arracher des perles
et de les avaler, puis, en remontant, ils disent
ne rien avoir trouvé. Mais la perle, quand
elle a passé par le canal digestif, est altérée et
se reconnaît facilement. D'autres cachent l'objet
de leur vol dans une « partie secrète » de leur
corps, et alors la perle garde son éclat ; mais
il faut être très habile pour opérer ce truc et ne
pas remonter les mains vides.

Mais les patrons des embarcations, quand
ils soupçonnent qu'un de leurs plongeurs a
commis un larcin, se hâtent de lui faire avaler,
de gré ou de force, une sorte de vomitif qui
provoque une expectoration immédiate.

Ce qu'il y a de plus terrible dans la pratique
de cette pêche des perles, c'est la rencontre faite
sous l'eau par un plongeur des squales si
dangereux pour l'homme. Ces poissons, très
rares dans le golfe de Condatchy en temps
ordinaire, y pullulent au moment de la pêche

des perles. Ils s'installent sur les bancs et n'en bougent pas. On les voit apparaître à la surface de l'eau, trahissant leur présence par l'aileron qu'ils ont sur le dos et qui dépasse presque toujours le liquide salé. Ce petit trian, gle frémissant et humide, qui a la forme d'une petite voile latine, est l'objet de la surveillance incessante des guetteurs. De temps en temps, un requin impatienté se rue sur le théâtre de l'action avec un vitesse de locomotive, et tout aussitôt s'élève un concert de clameurs assourdissantes. Les plongeurs, avertis par le bruit et les chocs donnés au fon l des barques, lâchent leurs coquilles et remontent le crick au poing, sur la défensive. Généralement le monstre ahuri par tant de tapage, s'enfuit comme une flèche entre deux barques et va rejoindre ses compères qui croisent un peu plus loin. Il n'y a réellement que le couteau qui puisse venir à bout d'un requin : ce squale reçoit une balle de fusil ordinaire à trente pas sans broncher.

Un autre poisson très redouté des plongeurs est la *tintrera*, espèce « d'ange » ou de « diable « de mer, poisson plat, large, immense et très avide de chair humaine. Ce poisson, dont la large mâchoire est très redoutable, possède aussi une action électrique. Les Indiens parlent avec ter- ùeur de l'engourdissement que l'on ressent lorsqu'on se défend contre une *tintrera*, engourdissement qui vous laisse à sa merci. Comme l'ennemi vient entre deux eaux, les plongeurs ne peuvent pas être prévenus par les guetteurs et, quelle que soit leur habileté, ils sentent leurs tempes battre, leurs oreilles bourdonner, et la compression se fait dans leurs poumons. Voici comment procède la *tintrera*. Elle s'installe sur le fond du banc d'huîtres, s'aplatit sur le sable, avec lequel elle se confond bientôt. Puis, quand arrivent les embarcations, le premier pêcheur qui tombera à sa portée verra soudain l'eau s'obscurcir autour de lui, et ses mouvements seront paralysés par un choc qu'il éprouvera aussitôt. Le monstre enveloppe alors sa victime et l'étouffe comme dans une couverture ; puis il l'entraîne non loin de là et, s'aplatissant sur le plongeur, l'étouffe avant de le dévorer. Ce drame maritime si sombre pourrait impressionner des imaginations encore moins portées à la superstition que celle de l'Indien, qui voit dans la « tintrera », dans sa phosphorescence singulière et l'action électrique dont elle est peut être le résultat, quelque chose de surnaturel.

Il y a encore la « scie », autre squale moins redouté, les pieuvres, quelquefois énormes, dont les pêcheurs de Condatchy se soucient peu, car ils savent comment leur percer la poche vitale et les réduire aussitôt à la plus grande impuissance.

Mais les Ceylanais sont très superstitieux ; ils voient du surnaturel en toutes choses, et je terminerai ce chapitre par une histoire authentique, arrivée, il y a un an, dans la baie de Colang, sur la côte de Malabar. On citait dans ces parages, parmi les habiles plongeurs, un beau jeune Ceylanais du nom de Noahly, qui devenu fort riche à ce métier-là, portait hors de l'eau un splendide costume, et, quand il se jetait dans le propice élément, n'y plongeait jamais qu'en portant à son cou, à ses bras et à ses rotules, des colliers de coraux ouvragés.

Noahly était attaché à la barque d'un certain Moorah, homme de grand courage, qui avait longtemps fait le métier de plongeur, et qui, ne pouvant plus continuer, eu égard à des étouffements qui lui faisaient perdre la respiration, avait acheté une barque et loué des hommes pour l'aider à la cueillette des huîtres perlières.

Noahly était le plongeur favori de Moorah, et tous deux s'aimaient comme deux frères. Ils partageaient la même couche, mangeaient ensemble et ne se quittaient jamais.

Par un beau jour de mai, Noahly, qui avait déjà opéré cinq immersions dans les profondeurs du golfe de Colang, remonta tout à coup à la surface de l'eau et s'écriant:

— La reine des eaux ! la reine ! je l'ai vue ! elle est là.

Pressé de questions par M rah et ceux qui se trouvaient près de lui, Noahly déclara que parvenu au fond de la baie, au moment où il ouvrait les yeux pour ramasser les huîtres perlières, il avait vu, à un mètre de distance, une créature d'une beauté sans pareille, revêtue d'ornements dorés, couverte de pierreries, les yeux noirs grands ouverts, tendre vers lui ses bras nus et semblant vouloir l'attirer à elle en lui souriant. Le premier mouvement de Noahly avait été celui de la stupeur ; mais il avait réfléchi sur-le-champ que la reine des eaux allait l'entraîner dans ses grottes profondes et qu'il ne reverrait plus Coméa sa fiancée. Se reculant aussitôt, il avait tiré la corde pour remonter à la surface.

— Elle est belle, ajoutait Noahly, comme une houri du ciel de Mahomet.

Moorah traita son ami de visionnaire ; et lui dit qu'il s'était trompé et que rien n'était moins

vraisemblable qu'une reine des eaux ; Noahly
répliqua qu'il savait ce qu'il disait, et il ajouta
que, s'il n'aimait pas Coméa, il adorerait la
créature divine qu'il avait aperçue au fond
du golfe.

Quoi qu'il en fut, il déclara qu'il ne descen-
drait plus ce jour-là pour pêcher des perles.

Rentré sous la cabane de roseaux qui abritait
Moorah et où il habitait également, Noahly refu-
sa de prendre aucune nourriture : il semblait
préoccupé, et, quand l'heure de se coucher
fut venue, il s'étendit sur sa natte et demanda
au sommeil l'oubli de ses préoccupations. Ses
paupières se fermèrent, mais ce fut pour rêver,
et il songea à la vision sous-marine qui l'avait
si vivement impressionné. Moorah, qui reposait
aux côtés de son ami, l'entendait parler d'une
voix confuse et enfin il l'entendit dire ces
paroles :

— Il faut que je la revoie ! je l'aime.

Le lendemain matin, Moorah rappela à son
ami les mots qu'il avait dits pendant son sommeil. Noaly ne répondit pas à cette invite à
la causerie, et il suivit Moorah pour se rendre
au travail quotidien.

Arrivé sur l'emplacement habituel de la pêche, il demanda à Moorah la faveur de descendre le premier et, en effet, s'emparant de la double corde, Noahly se laissa tomber dans la mer et disparut au milieu d'une vague qui se referma sur sa tête.

Cinq minutes s'écoulèrent et Noahlyne, remontait pas à la surface ; il semblait se complaire au fond de la baie. Moorah s'inquiétait d'une prolongation de séjour aussi insolite ; l'inquiétude s'empare de lui.

— Va, dit-il à un autre plongeur, savoir, si tu le peux, ce qu'est devenu Noahly.

Sans répondre un mot, cet Indien se précipita dans l'océan et disparut comme une pierre au fond de l'eau : trois minutes après la corde de remonte s'agitait, et Moorah retirait le plongeur qui, à peine parvenu à la surface, offrit à la vue un visage bouleversé.

— J'ai vu Noahly, fit-il enfin en proie à la plus grande terreur et en laissant ses dents claquer à son aise Il est devenu la proie de la reine des eaux.

Cette narration paraissait insensée à Moorah

qui voulut avoir le cœur net de cette histoire
fantastique. Il appela trois plongeurs qui se
trouvaient à l'avant de l'embarcation et leur
dit :

— Vous êtes les amis de Noahly : vous ne l
laisserez pas ainsi au fond de l'eau, et je compte
sur vous pour descendre aussitôt et pour aller
le chercher : il faut le rame..er et l'arracher à
la divinité marine qui veut l'entraîner dans
son royaume ; jurez de ne revenir qu'avec
lui.

Tous les trois levèrent la main et firent le
serment demandé. Puis d'un bond ils se jetèrent
dans les profondeurs de l'abîme, et disparurent
à tous les yeux.

Quatre minutes s'écoulèrent, — Un siècle
pour Moorah qui attendait le résultat de cette
immersion à la recherche de son ami.

Enfin une rumeur se manifesta à quelques
mètres sous l'eau ; et bientôt on vit la tête du
premier plongeur, puis celle du second et
enfin les bras du troisième. Au milieu de ces
hommes courageux s'élevait un amas informe
qui parut bientôt hors de l'eau : c'était une

femme revêtue d'un costume oriental, couverte de pierreries et la tête ornée d'une tiare d'or et de diamants, qui tenait entre ses bras le beau Noahly raidi par la mort.

La femme retirée ainsi du fond de la mer n'était plus elle-même qu'un cadavre; mais la putréfaction n'avait point encore détruit sa beauté, si réelle que dans aucun pays du monde on n'eût pu voir des formes plus belles, des traits plus fins et plus délicats.

Celle que le pêcheur de perles Noahly avait prise pour la reine des eaux n'était qu'une épave de la mer, apportée jusque dans ces parages par des courants sous-marins.

Qui était-elle?

Moorah fit transporter à terre les deux cadavres qui, par ses soins, furent embaumés et ensevelis dans la même pagode.

Le mystère était difficile à résoudre: la belle inconnue, la noyée du golfe de Colang, était étrangère à tous ceux qui étaient venus examiner ses restes mortels.

Un jour, un mois après ce terrible événement

N.   6 un palanquin porté par quatre Indiens, précédé et suivi d'une foule d'esclaves s'arrêta devant la porte de la cabane de Moorah. Un des serviteurs du riche propriétaire de ce palanquin s'approcha du chef de la pêcherie de Colang et lui demanda, de la part de son maître, s'il n'avait pas vu dans ses parages une houri du ciel, qui avait disparu depuis un mois de la maison paternelle.

— Aucune femme n'a passé dans ces lieux depuis un an, répliqua Moorah, sauf les habitantes du village que nous connaissons toutes.

— Mais ce n'est pas d'elles qu'il s'agit, ajouta le serviteur : je te parle, fit-il, d'une beauté sans pareille, d'une fille de roi. Mon maître est le souverain suprême de l'île de Ceylan : sa fille unique a disparu depuis trente-cinq lunes, et il la demande à tous ses sujets. Où est la belle Nooro ?

Ces paroles réveillèrent les souvenirs de Moorah : il raconta au roi des Cingalais les événements qui s'étaient passés dans la baie de Colang. On ouvrit le cercueil enterré dans la pagode et le père infortuné retrouva celle qu'il pleurait, décomposée, horrible à voir malgré les aromates dont on l'avait couverte.

Mais son costume intact, ses bijoux, ne laissaient point de doute sur l'authenticité de ses restes adorés.

Nooro, embarquée à bord d'une jonque se rendant à Jaggernauth pour un pèlerinage, avait disparu en vue du golfe aux huîtres perlières, et le navire était revenu au port, dès qu'il s'était aperçu de l'absence de la maîtresse du bord.

C'est alors que le roi, qui ne pouvait se décider à croire à un malheur, et qui espérait que Nooro avait été sauvée par une embarcation, ou bien s'était dirigée à la nage vers la côte, avait entrepris la recherche qui se terminait à Colang.

On fit à la fille du roi de Ceylan des funérailles dignes de son rang : quant au pêcheur de perles Noahly, il resta enseveli tout seul, loin de celle pour qui il avait sacrifié sa vie et oublié sa fiancée.

LES VAMPIRES

———

Parmi les plus hideux animaux de la création, au nombre de ceux dont le contact répugne le plus à l'homme, citons la chauve-souris, les « philostomes » de nos classificateurs d'histoire naturelle. Mais si cette bestiole que l'on connaît en Europe inspire la répulsion, que doit-on dire de l'espèce géante, de celle qui est aussi grosse qu'une poule, et dont les ailes ouvertes mesurent de soixante à soixante-dix centimètres d'envergure?

Cette race-là se nomme l'*Audira Guacu* de

Carthagène, et en termes de savant le *Vampirus sanguisuga*, le vampire suce-sang. Le pelage de cette souris volante est d'un brun roux ; sa feuille nasale est entière, moins large que haute, quoique élargie à sa base.

La Condamine, Pierre Martyn, Jumilla, Don Gorges Juan, Don Antonio de Ulloa, et plusieurs autres voyageurs savants semblent s'être donné le mot pour enchérir les uns sur les autres dans les relations qu'ils ont faites de ce terrible animal.

« Les chauves-souris, qui sucent le sang des mulets, des chevaux et même des hommes, dit La Condamine, — quand ceux-ci ne s'en garantissent pas à l'abri d'une maison, — sont un fléau commun à la plupart des pays chauds de l'Amérique du Sud. Il y en a de monstrueuses pour la grosseur. Elles ont entièrement détruit à Borja et en divers autres endroits le gros bétail que les missionnaires y avaient introduit et qui commençait à s'y multiplier. »

Buffon a cité ce passage, et Juan de Jumilla va plus loin que La Condamine :

« Ces chauves-souris sont d'adroites sang-
sues, s'il en fut jamais, qui rôdent toute la
nuit pour boire le sang des hommes et des
bêtes. Si ceux que leur état oblige à dormir par
terre n'ont pas les précautions de se couvrir
des pieds à la tête, ils doivent s'attendre à
être piqués par les chauves-souris. Si, par
malheur, ces *oiseaux* leur percent une veine,
ils passent des bras du sommeil dans ceux de
la mort, à cause de la quantité de sang qu'ils
perdent, sans s'en apercevoir, tant leur piqûre
est subtile, outre que, battant l'air avec leurs
ailes, elles rafraîchissent le dormeur auquel
elles ont dessein d'ôter la vie. »

L'*Audira Guacu* est très commun dans la
Nouvelle-Espagne. On le voit suspendu aux
grands arbres durant la journée, dans les
endroits les plus obscurs et les moins fréquen-
tés. Il va sans dire que tant qu'on en trouve
sur son passage, tant on en tue, car les naturels
n'ignorent pas le danger qu'ils courent, s'ils
sont forcés de s'abriter pendant la nuit au milieu
d'une forêt, pour ne point s'égarer dans leur
route. En effet, malheur à l'imprudent qui
s'endormira dans les environs de Carthagène !
Si personne ne veille sur lui, s'il est assez
malheureux pour voyager seul, c'est-à-dire
sans avoir un veilleur qui ne ferme pas les
yeux et soit préposé, à la fois, à surveiller la

route et à empêcher les *Audira Guacu* de se
jeter sur leur proie facile, il est sûr de ne pas
se réveiller le lendemain matin. Son cadavre
servira de proie aux carnassiers qui infestent
le pays.

Une fois repus du sang de leur victime, les
vampires s'envolent à tire d'aile et retournent
dans leurs tanières aériennes, sous les upas,
ou à l'abri des grands manguiers au feuil-
lage épais et impénétrable aux rayons du
soleil.

L'*Audira Guacu* est très prolifique : comme
chez les rats, sa portée est de six à sept petits,
et son nid se trouve placé dans les creux des
rochers, à l'abri des atteintes des serpents et
des reptiles, grands amateurs de ces proies
d'autant plus faciles qu'elles peuvent moins
se défendre contre eux.

Six mois après sa naissance, un vampire
est aussi gros que père et mère et aussi
vorace qu'eux deux.

Il y a quelque temps dans les environs

de Carthagène , un riche haciendero du pays devait marier sa fille unique à un jeune homme de la ville, fils d'un employé supérieur du gouvernement. Le senor Moralés, c'était le nom du fiancé, faisait depuis deux ans une cour assidue à Dona Manuelita y Alfandera, qui lui avait ouvert son cœur, avec le consentement de son père et de sa mère.

Tout allait pour le mieux dans ce monde heureux : les familles se convenaient, les amoureux étaient parfaitement assortis l'un pour l'autre, et deux fois par semaine José Moralés, monté sur un cheval de race, franchissait la distance qui séparait la ville du Rancho de Canovas pour passer la soirée avec sa bien-aimée. Le lendemain matin, il reprenait le chemin de Carthagène où l'appelaient ses fonctions gouvernementales.

L'union des deux *affecionados* devait avoir lieu le 15 août 1879, dans l'église du village de Canovas et le « padre » était déjà prévenu. Tous les présents d'usage avaient été offerts par le jeune homme à l'héritière des Alfanderas. Il n'y avait plus que le *reboso* de dentelle qui manquait sur le marché de Carthagène et que l'on attendait par un navire venant d'Europe où il avait été commandé.

Le *reboso*, autrement dit la mantille sans laquelle toute *niña* espagnole ne peut se coiffer, était envoyé de Madrid par un marchand de premier ordre, qui s'était lui-même adressé à Valenciennes pour obtenir un objet de valeur et d'un dessin entièrement nouveau.

La señorita Manuelita avait été prévenue que son *reboso* était en route, et qu'il arriverait à point pour le jour de la noce.

Mais les promis proposent et les vents disposent, si bien que le 14 septembre au matin le navire *Cerro Gordo* n'était pas même en vue de la rade.

Que faire ? quel parti prendre ? Se marier sans le *reboso* indispensable était chose impossible. Fallait-il se contenter des dentelles plus qu'ordinaires et sans valeur, que les marchands de Carthagène offraient à José Moralès ?

Celui-ci dépêcha un courrier à l'hacienda

des Alfanderas, afin de prier sa fiancée de ne point l'attendre avant le milieu de la nuit. Il devait rester à Carthagène jusqu'après le coucher du soleil, afin d'être certain que le *Cerro Gordo* n'était pas signalé.

Mes lecteurs comprendront l'anxiété de ce pauvre *patito* qui n'avait qu'un seul désir: celui d'être agréable à celle qu'il aimait, et de la rejoindre au plus tôt. Hélas! il était enchaîné loin d'elle, car il fallait à toute force lui porter ce fichu de dentelle rêvé et désiré depuis deux mois.

Le soleil venait de descendre derrière l'horizon, quand, aux lueurs du crépuscule, une colonne de fumée se développa dans le ciel et l'on vit poindre les mâts, puis la coque, d'une énorme construction navale.

La vigie du sémaphore carthagénois signala bientôt le tant souhaité *Cerro Gordo*.

Héler un batelier, sauter dans son embarcation, tout cela fut l'affaire de quelques minutes pour le bon José Moralès. Son but était d'accoster le navire, de réclamer le paquet à son adresse et de monter à cheval aussitôt, afin de se rendre où son cœur l'appelait.

José fut servi à souhait. Le capitaine du *Cerro Gordo* donna des ordres pour que l'on remît au jeune fiancé la boîte qui lui était destinée, et avant que les formalités de la douane fussent remplies, que le vapeur eût jeté l'ancre, le cheval de José Moralés, lancé à fond de train, volait comme le vent sur la route qui conduisait au Rancho de Canovas.

Tout alla bien pendant une heure : à peine la bonne bête avait-elle cru devoir reprendre haleine à deux courtes reprises. José la laissait respirer, puis il piquait des deux de nouveau.

Il atteignit ainsi l'entrée d'une forêt d'une lieue de large qu'il lui fallait traverser pour atteindre la plaine au milieu de laquelle s'élevait le canon à l'extrémité duquel étaient bâties les constructions de l'hacienda des Alfanderat.

Tout à coup, sans que rien pût faire prévoir ce qui arrivait, le cheval de José butta contre un tronc d'arbre abattu par le vent, au travers de la route. Le pauvre garçon fut lancé en avant et sa tête alla heurter un talus couvert de mousse, — heureusement. Le coup l'étourdit et le laissa sans connaissance, à quelques pas de la bête qui s'était démis le garrot et se trouvait, par conséquent, impropre à tout service.

Lorsque José reprit l'usage de ses sens, il comprit le désagrément de la situation dans laquelle il se trouvait; après s'être tâté et s'être assuré qu'il n'avait rien de cassé et que, seul, son bon cheval était grièvement atteint, il se demanda quel parti il devait prendre

Il était minuit passé : s'aventurer à pied à travers les méandres de la forêt n'était pas chose sûre; aussi José Moralés crut il plus prudent de bivouaquer en attendant le point du jour.

— Dès que les premières lueurs de l'aube se montreront, se disait-il, je pourrai continuer ma route sans risque, et j'atteindrai bientôt le Rancho de Canovas.

Après avoir bandé la jambe du pauvre cheval avec son mouchoir de soie, José chercha quelques branches mortes, les amoncela sur le bord de la route et alluma un feu de bivouac afin d'éloigner les serpents et les carnassiers.

Puis s'enveloppant dans son *sérape*, — la couverture aux couleurs brillantes dont sont toujours munis les Espagnols en voyage. — il appuya sa tête sur sa selle dont il avait déchargé sa monture et se mit à rêver à sa chère fiancée dont il se trouvait éloigné par ce fatal accident.

Peu à peu le sommeil descendait sur ses paupières, et, sans songer au danger qu'il courait, José Moralès ferma les yeux.

Une demi-heure s'était à peine écoulée que l'on eût pu voir voltiger au dessus de la tête du dormeur trois énormes volatiles aux ailes déployées qui venaient de frôler la tête et les mains de l'imprudent voyageur.

C'étaient trois *audiras guacu* qui avaient découvert une proie et accouraient pour se rassasier de sang humain.

L'une de ces chauves-souris, la plus grosse,

s'abattit vers l'épaule droite de José Moralès, et son museau hideux s'enfonça entre la cravate et le col de chemise du jeune homme.

Deux secondes après les deux autres vampires attaquaient à leur tour les deux poignets de ce brave garçon.

Et, tandis qu'avec leur langue ils aspiraient le sang qui coulait des plaies ouvertes, les trois *audiras guacu* agitaient leurs ailes, comme pour rafraîchir le dormeur et l'empêcher de se réveiller.

Pendant que ce meurtre se consommait au milieu de la forêt, la gentille Manuelita se désolait dans la maison paternelle.

Elle maudissait la fantaisie qu'elle avait manifestée de posséder un *reboso* comme on n'en trouvait pas à Carthagène. Un voile de dentelle plus simple que celui qui venait d'Europe n'eût-il pas suffi? eût-elle été moins jeune, moins jolie, moins séduisante, avec des broderies inférieures à celles que lui avait promises son fiancé.

A la fin la peur s'empara de la charmante
senorita ; elle appela son père et le supplia de
monter à cheval et de se faire suivre de quelques serviteurs pour aller à la rencontre de
son futur.

Manoël ne se laissa pas prier : il aimait fort
José Moralés, et il n'eût pas voulu, pour tout
au monde, qu'un malheur arrivât à son beau-
fils du lendemain.

Lancés au galop, Manoël et quatre *péones*
parvinrent bientôt vers la bordure de la forêt
et s'aventurèrent sur le chemin qui traversait
cet épais fourré.

Ils aperçurent, peu de temps après, une
lueur vacillante au milieu de la route : c'était
celle du feu de bivouac allumé par Moralés.

Quelques enjambées rapides de leurs chevaux portèrent les cinq cavaliers sur le lieu
du drame qui s'accomplissait en plein
bois.

Il suffit d'un coup d'œil à Manoël pour comprendre ce qui s'était passé et le meurtre qui s'accomplissait sous ses yeux. Les vampires ivres de sang pouvaient difficilement se mouvoir; on les tua à coups de tisons enflammés.

Quant au fiancé de Manuelita, il ouvrait des yeux alanguis, et tout en reconnaissant Manoël son sauveur, il se sentait incapable de se mouvoir : le malheureux était exsangue, ou peu s'en fallait.

Les Indiens, qui portaient avec eux de l'amadou pour battre le briquet, se hâtèrent d'appliquer ces feuilles d'agaric sur les trois plaies de la victime; puis, avec toutes les précautions possibles, ils transportèrent José sur un brancard fabriqué à la hâte jusqu'à l'hacienda des Alfanderas.

Manuelita, à la vue de cette escorte funèbre, tomba en syncope, et quand elle revint à elle, ce fut pour apprendre, de la bouche même du médecin du Rancho, que la vie de son fiancé n'était pas en péril et qu'avec des soins, de la bonne nourriture et du vin généreux il reviendrait bientôt à la santé.

La noce fut forcément remise; mais elle eut

lieu vingt jours après et le bon José Moralès bénit Dieu particulièrement ce jour-là de l'avoir tiré d'un aussi mauvais pas.

FIN.

TABLE

TABLE

—

FIN DE LA TABLE.

Limoges. — Imp. E. ARDANT et Cⁱᵉ